社会主义核心价值体系建设

"双百"出版工程

项 目

/100位
新中国成立以来感动中国人物/

李素芝

吴传玖/编著

★

吉林文史出版社

前　言

　　每个人的心中都多少有一点英雄情结，都向往英雄、景仰英雄。也正因此，在中华人民共和国建国六十周年之际，由中央十一部委联合组织开展的"100位为新中国成立作出突出贡献的英雄模范人物和100位新中国成立以来感动中国人物"的评选活动中，群众参与投票总数近一亿。这其中的每一张选票，都表达了人们对英雄模范的崇敬之情，寄托着对伟大祖国的美好祝福。

　　一个民族不能没有英雄，否则这个民族就不会强大。当国家危难之时，懦弱者选择了逃避、妥协甚至投降，英雄们却挺身而出，用热血捍卫民族的尊严，人民的幸福。在创立和建设新中国的伟大历程中，涌现出无数可歌可泣的英雄模范人物。他们之中，有为了民族独立和人民解放而英勇牺牲的革命先烈，有为了党和人民的事业而不懈奋斗的优秀共产党员，有在全民族抗战中顽强奋战、为国捐躯的爱国将士，有英勇杀敌的战斗英雄和革命群众，有积极从事进步活动的著名民主爱国人士和国际友人……他们是民族的脊梁、祖国的骄傲，是激励全体人民团结奋斗的精神力量。

　　《100位新中国成立以来感动中国人物》丛书，就像一部星光璀璨的英雄谱，真实、完整地记录了英雄模范人物不平凡的一生，再现了他们非凡的人格魅力和精神世界。舍身堵枪眼的黄继光，拼命也要拿下大油田的王进喜，中国原子弹之父邓稼先，新时期领导干部的楷模孔繁森……一串串闪光的名字，一个个动人的故事，犹如群星闪烁，光耀中华。

　　当今中国正处于伟大变革的时代，迫切需要涌现出一大批勇于承担历史使命、为祖国和人民奉献一切的先进人物。在"双百"人物崇高精神的引领下，在建设社会主义现代化国家的征程中，必将英雄辈出。

生平简介

李素芝,男,汉族,山东省临沂市人,中共党员。1954 年出生,1970 年入伍,现任西藏军区副司令员兼西藏军区总医院院长。主任医师,博士生导师,少将军衔。

1976 年从第二军医大学毕业后,李素芝放弃留在上海工作的优越条件,主动申请进藏。在藏工作 35 年来,他始终怀着对西藏各族人民的深厚感情,先后攻克高原心脏手术和高山病防治两大世界医学难题,对急性高山病发病机理及其防治研究达到世界领先水平,使西藏急性高原病发病率大幅下降,驻藏部队连续 12 年没有一名官兵因急性高原病死亡。他组织开展的 150 多项新技术、新业务中,20 项创世界医学奇迹,36 项属国内首创,86 项填补高原医学空白,获国家和军队科技进步奖 20 项。先后成功主刀大小手术 13000 多例,抢救垂危病人 600 多名,成功实施高原首例浅低温心脏不停跳心内直视、肾移植、背驼式全肝移植等手术。担任院长以来,他先后带领 500 余批医疗队,行程百万余公里,巡诊病人 30 余万人次。他积极推行西藏农牧民免费医疗,为 1000 多名白内障患者免费实施复明手术,被藏族群众亲切地称为"门巴将军"。他被评为全国民族团结进步模范个人、全国道德模范、100 位新中国成立以来感动中国人物之一,全军优秀共产党员,先后荣立一、二、三等功 7 次。

1954-
[LISUZHI]

◄ 李素芝

目录 MULU

世界屋脊的生命守望者(代序)

　　在神奇美丽的西藏高原流传着一个个神奇美丽的动人故事。有流传千古的格萨尔王的英雄史诗，有彪炳千秋的江孜军民奋勇抗击英帝国主义侵略的壮丽史章。同时也有蜚声华夏的西藏边防军人卫国戍边，艰苦卓绝，无私奉献，竭诚为祖国、为西藏人民服务的一个个可歌可泣的感人故事。我们这部书中的主人公西藏军区副司令员兼西藏军区总医院院长李素芝就是西藏边防军人中最杰出的代表。他以世界屋脊生命守望者的崇高敬业精神和不凡业绩，实践着共产党人和人民军队全心全意为人民服务的宗旨，传承着中华民族的传统美德，诠释着自己无怨无悔的不凡人生。

　　2004 年 11 月 23 日，在北京金碧辉煌的人民大会堂报告厅，由中共中央宣传部、中华人民共和国卫生部、中国人民解放军总政治部、西藏自治区党委共同组织举办的"敬业奉献好军医李素芝"先进事迹报告大会隆重举行。中共中央政治局委员、中共中央宣传部部长刘云山，中共中央政治局委员、中央军委副主席徐才厚分别代表中共中央、中央军委亲切接见了李素芝，并对他扎根西藏高原 28 年，为西藏军民服务的精湛医术和崇高敬业精神予以了高度的评价。新华社、《人民日报》、《解放军报》、《光明日报》、《中国青年报》，中央电视台、中央人民广播电台等全国各大新闻媒体都在同一时间宣传报道了大会盛况和李素芝的先进事迹。李素芝先进事迹报告团亦同时应邀到全国各地巡回报告。李素芝的名字由此在长城内外、大江南北广泛传颂。

2004 年 6 月，李素芝被评为全军优秀共产党员。

2005 年 5 月，李素芝被国务院授予全国民族团结进步模范个人荣誉称号。

2006 年 5 月，中央军委给李素芝记一等功一次。

2007 年 9 月，李素芝在全国道德模范评选中荣膺十大敬业奉献道德模范。

2009 年 7 月，李素芝在全国〝双百〞人物评选中，被评为 100 位新中国成立以来感动中国人物之一。

李素芝用自己闪光的足迹，书写着壮美的人生。

李素芝的可贵之处就在于他勇于牺牲、勇于奉献的崇高精神。他主动放弃上海优越的生活工作条件，自愿申请进藏工作。35 年来，他情系高原，无怨无悔，把西藏各族人民视为自己的亲人，把西藏当作自己的故乡，为了党的需要和人民的利益，舍小家，顾大家。最危险的地方，他去；最困难的手术，他做，全心全意地为西藏军民服务。被誉为〝雪域高原的生命守护神〞、〝西藏人民的'门巴'将军〞。他用实际行动诠释了共产党人的本色和风范，展示了人民军队为人民的优良传统和本质特征。

李素芝的可贵之处，就在于他艰苦奋斗、顽强拼搏的优良作风。艰苦奋斗是我们党的优良传统和作风，是党和国家兴旺发达的强大精神力量，是伟大民族精神的重要内容。李素芝在恶劣的自然环境和艰苦的工作生活条件面前，发扬〝特别能吃苦、特别能忍耐、特别能战斗、特别能创业，特别能团结〞的〝老西藏精神〞，不辞辛劳，翻雪山，攀戈壁，啃干馍，喝雪水，为边远地区广大官兵和藏族同胞送医送药，行程多达 20 多万公里；他不畏艰难，带领医院广大干部职工，团结奋斗，硬是把一个"干打垒、杂草生、尘土扬"，基础设施很差的医院建设成为一座现代化的园林式医院。李素芝的感人事迹告诉我们，艰苦奋斗的优良传统和作风，在改革开放、建设社会主义现代化的今天，仍然是我们国家和民族宝贵的精神财富。

李素芝的可贵之处，就在于他爱岗敬业、忠于职守的职业道德。他把做好民族地区医疗工作当成自己义不容辞的义务和责任，精心照顾每一位患者，尽心竭力为人们解除病痛。他所做的 13000 余例手术，从未出现过差错。他从不接受病人的礼金和红包，对经济上有困难的患者，总是无私相助。上千条哈达见证了李素芝良好的医德医风。李素芝就像一面镜子,对照他,我们知道应该怎样对待工作，应该怎样对待我们所服务的对象。

李素芝的可贵之处，还在于他刻苦钻研、努力创新的时代风采。他认真研究高原医学难题，勇攀世界医学高峰，成功实施了世界首例海拔 3700 米高原浅低温心脏不停心内直视手术。他坚信"最实的路就是最新的路"，先后开展新的技术业务 134 项，其中 16 项处于世界领先水平，34 项填补西藏高原医学空白。

典型就是旗帜，榜样就是力量。让我们从书中的字里行间去品读李素芝的故事，去追寻李素芝的足迹，去体味李素芝的思想，去学习李素芝的精神，像李素芝一样始终坚持与时代同行，与人民同行，努力实践全心全意为人民服务的宗旨，去谱写自己无愧于祖国，无愧于人民，无愧于时代的灿烂人生！

沂蒙之子

→ 出生革命家庭

★★★★★

　　他自小就生活在沂蒙这样一块红色的热土和一个对党、对革命有着深厚感情的革命家庭中。他的父亲 1937 年就加入了中国共产党，母亲解放前也一直是地下党员。他从小就受到沂蒙老区革命精神的熏陶和革命家庭的良好教育影响。

　　李素芝祖籍山东临沂。临沂是著名的革命老区，有"小延安"之称。战争年代，沂蒙人民为抗击外来侵略和为中国革命的胜利做出了巨大的贡献和牺牲，三万沂蒙优秀儿女献身疆场。车轮滚滚的支前队伍、送子送郎参军的动人场面、沂蒙红嫂的感人故事、支前模范"沂蒙六姐妹"等拥军支前的楷模，名垂青史的孟良崮战役记下了这一段光荣的革命业绩。李素芝自小就生活在沂蒙这样一

△ 左一为少年时的李素芝

块红色的热土和一个对党、对革命有着深厚感情的革命家庭。他的父亲1937年就加入了中国共产党，母亲解放前也一直是地下党员。他从小就受到沂蒙老区革命精神的熏陶和革命家庭的良好教育。

据李素芝大妹妹李秀英介绍，他们兄弟姐妹六个，三男三女，李素芝是兄弟中的老二，他是受父母言传身教影响最大的一个。李秀英说，母亲是个非常善良的人，生活困难时期，她宁愿一家人饿肚子，也要把家里仅有的粮食送给比他们生活还困难的乡邻，尽自己的能力帮助别人。

这使得李素芝从童年开始就从母亲身上学到了很多的做人道理。从那时起，他就经常学着母亲的样子，把母亲给他在学校生活的不多的一部分生活费省下来，接济生活比自己还困难的同学。

李素芝中学毕业后参了军。他参军后5个月就入了团，10个月后入了党，各种荣誉伴随着他。1972年，他被选送到中国人民解放军第二军医大学学习，毕业后主动放弃留校在上海工作的良机，毅然参加了支援西藏建设的队伍。当时他要申请去西藏的消息传回家中，父亲惊诧之余马上去了儿子所在的学校，在学校欢送大会上，父亲深情地对李素芝说："儿子，只要是你认定要做的事，家人绝不拦你，相反我们都支持你，但你必须在你自己的岗位上干出业绩。"听了父亲这些话，李素芝激动地紧紧攥着父亲的手。

→ 打小就立志当医生

★★★★★

小时候的一场病，让他认识了一位好郎中，年幼的李素芝当场就表示长大后要当一个好医生。

李素芝在石桥村的亲友说，石桥以前有个郎中，平时村里只要有人生病他就去帮着治，但从来不收钱。李素芝五六岁的时候，有一次肚子疼，郎中给他扎了几针就好了，年幼的他当场就表示以后要当个好医生，一个帮人看病不收钱的好医生。

李素芝如今已经是享誉全国全军的英雄

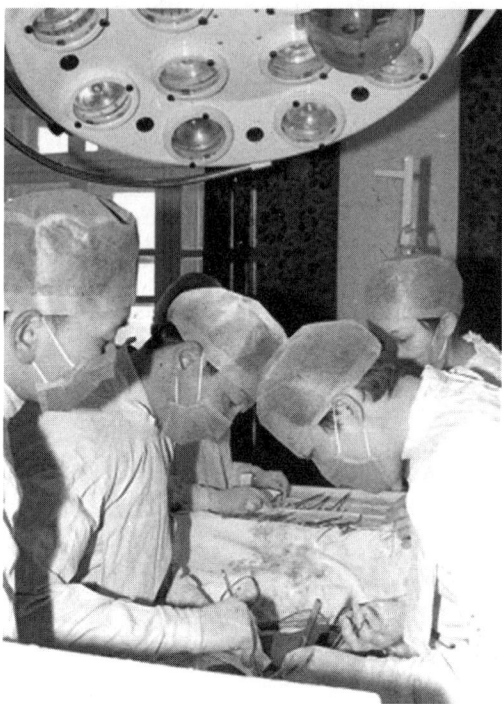

△ 李素芝正在给病人做手术

模范，同时也是著名的医学专家、"门巴将军"。李素芝能够取得今天如此令人瞩目的成就，这也与他少年时的理想和抱负有关，少年李素芝是打小就立志当医生的。

60 年代初，李素芝的外公得了化脓性胸膜炎，当时他妈妈有个朋友是医生，每隔一天就去给他外公抽一次脓，那种脓很臭，可那个女医生一点也不嫌弃，坚持了两三年，直到他外公去世，这件事更坚定了他学医、从医的理想和信念。

→ 好学生，好战士，好学员，好医生，好儿子

☆☆☆☆☆

　　李素芝先后在石桥小学和石桥中学读书，成绩十分优异。他参军后5个月就入团，10个月后入了党，各种荣誉伴随着他。李素芝在第二军医大学学习时，曾被评为学雷锋标兵。今天无论是以前的队长、教导员，还是老同学说起李素芝，他们都有一个共同的印象：艰苦朴素、乐于助人。从这点来说，李素芝一点都没有变。

　　78岁的邹奎当年是李素芝的中队长，在他的记忆中，李素芝大学三年始终穿学校发的衣服，不光学习成绩好，还曾被评为学雷锋标兵。

　　长海医院神经外科主任周晓平和李素芝是同学，据他回忆，李素芝虽然在班上年纪

△ 年轻的军人李素芝

偏小，身材也不高，但重活累活总是抢着干，非常乐意帮助同学。

李素芝的另一位同学、长海医院神经内科的学科带头人丁素菊也记得，每次要到炊事班帮厨，李素芝总是第一个去。

"在校三年，李素芝是一位勤奋好学、艰苦朴素、助人为乐、成绩拔尖的模范学生。"头发斑白的邹奎介绍说，"有一次，学校组织学生到某部队锻炼，部队官兵对军校大学生很照顾，但李素芝不仅自觉锻炼自己，还和战士一起种菜、喂猪，并帮助战士学文化，荣立了三等功。"

张速勤是李素芝妻子郭淑琴的同班同学。她回忆起当年李素芝给她的第一印象：一次，四百多名学员从大连毕业实习结束后，乘船回上海，遇到8级风浪，大部分学员都晕船卧床不起。就在最难受的时候，他们发现一个身穿战士服装的人在几个船舱来回跑，为大家服务，他就是李素芝。

　　"同学们的眼里，他永远是一个乐于奉献的人，一个充满爱心的人，一个对学业精益求精的人！"同学张春才回忆。1975年，二军大的同学从外地实习返校，他看见一个小战士跑上跑下帮同学们搬东西，还以为是通讯员，过去一问，原来是李素芝。

　　在妹妹李秀英的记忆中，哥哥到西藏这么多年，只回过三次家。本来按规定每4年的时间，可以有一次半年时间的轮休长假，但哥哥少数的几次探家，都只待上一两天就走。并不是哥哥不想回家，而是他养成了一心扑在工作上的习惯。他除了几次回家耽误的日子，其他时间基本上是在医院里度过的。母亲和父亲在儿子援藏的前些年逢人便说，有个好儿子，有能耐报效国家。但后来年纪渐渐大了，有时也在儿女们面前唠叨：不知素芝能不能回家看看。天天盼，年年盼，后来母亲实在是思儿心切，就跑到西藏看儿子。可在儿子那里住上两个月她就跑回家来，见到乡亲就酸鼻子："看儿子整天没日没夜地看病人、跑病房，给病人喂汤、吸痰，我就心酸，儿子什么时候能好好歇歇呀，我在儿子那里实在是住不下去了。"

　　李秀英清楚地记得，1988年，在哥哥第二次回家探亲的时候，一进门看见家里比较脏，就问妈妈为什么不把家打扫打扫。

母亲回答："我老了，身体也不好了。"当时哥哥双手捂住眼睛，不停地流泪！1999年农历正月初六，李秀英把母亲病重的消息告诉了李素芝。李素芝接到电话，什么话也没说。母亲先前是让家人瞒着儿子，但病床上却一直叫着儿子的名字，当她知道儿子忙，也许暂时回不了家时，她叹道："算了，就让他安心在西藏工作吧，我知道他在西藏是惦记着我的，那就够了。"过了几天，母亲病危，李秀英不得不再次拨通哥哥的电话："哥哥，县医院的医生都来了，你什么时候回家看看老人家吧。"而电话那头，哥哥仍是一言不发，但隐隐约约听到了他在电话里的哽咽声。后来，哥哥把在母亲床前的医生们叫到电话前，询问病情，在电话里给自己的母亲制订治疗方案。母亲去世的两个月零六天后，父亲又因病去世。李素芝回来了，一头栽在父母的坟头，抱头痛哭，长跪不起。但两天后，他又赶回了西藏……

世界屋脊的生命守望者

无悔的人生选择
——我的岗位在西藏高原

★★★★★　　　　　　　　（事迹报告）

我是沂蒙老区走出来的青年，部队给了我上大学的机会，党和人民教育培养了我。到祖国和人民最需要的地方去工作，是革命军人的第一位选择，西藏最需要医生，我应当去西藏工作，在那里报答党、报答人民。

我是李素芝，1970 年 12 月入伍，1976 年 7 月毕业于上海第二军医大学，同年 12 月自愿申请进西藏工作，现任西藏军区副司令员兼西藏军区总医院院长。

大学毕业后我被分配在二医大附属长海医院工作，在这期间，我从来医院看病的西藏患者口中，知道了西藏是个很高很苦的地方，空气中的氧含量不足上海的 60%。因为缺医少药，医疗条件落后，藏族同胞和边防官兵的生命与健康随时受到高原疾病的威胁。听到这些情况，我有了去西藏的念头。我想，我是沂蒙老区走出来的青年，部队给了我上大学的机会，党和人民教育培养了我。到祖国和人民最需要的地方去工作，是革命军人的第一位选择，西藏最需要医生，我应当去西藏工作，在那里报答党、报答人民。

我把要到西藏工作的想法告诉了父母。父亲是为建立新中国负过伤的老军人，母亲是为部队

△ 当年李素芝在上海第二军医大学毕业生大会上宣读自愿到西藏工作的申请书

做过军鞋、推过小车的"老支前"，两位老人鼓励我说："儿子，你是军医，只要能报答党和部队的培养之恩，你就是在西藏干上十年八载，我们也没有意见。"父母深明大义，更加坚定了我踏上西藏高原的信心。

然而，我这一走就是整整 28 年。28 年前的那个冬天，我和郭淑琴等三名同学，一起从上海到了西藏。经过再三请求，上级把我分到一个边防团的卫生队工作。我在风雪中颠簸了近 17 个小时，到团部报到时冻得话都说不出来。迎接我的是卫生队军医何启财，此后，他成为我朝夕相处的战友。可我万万没有想到，一次急诊竟让我永远失去了这位好战友。有一天，一位战士得了急病，我与何医生出诊急救。在返回的路上，我们坐的车翻下了悬崖。当我抱着战士爬出车厢时，发现何医生因头部撞伤已停止了呼吸。那一刻，在失声痛哭中，我明白了"为国捐躯"四个大字的分量。

在西藏边防一线，因为高寒缺氧，山高路险，每年都有战友被高原病无情地夺去生命。西藏军区的老司令员张贵荣、我们团的老团长高明诚，都是在去边防途中，突发高原疾病，拉着马尾巴永远地倒下了。这些老首长留给我们的，不光是"老西藏精神"，也赋予了我们崇高的责任，那就是攻克高原疾病，造福西藏军民！

二十多年前的高原边防，官兵们住的是简易营房，吃的是罐头食品、脱水干菜，指甲凹陷，嘴唇发紫，头发脱落，脸红得像渗血。有人把这种脸色称为"高原红"，实际上那是缺氧、严寒、血色素增高的反应。那些年，不要说其他大病，就是感冒引起的肺水肿，也会夺去官兵的生命。每次含泪送别被病魔夺去生命的战友，我都告诫自己：李素芝，你要加倍努力，在高原上长眠的战友，正在期待你制伏病魔的结果。

面对官兵在生与死的搏斗中，实践军人的崇高使命，我的灵魂不断得到净化，心灵不断受到震撼。军人的岗位是祖国确定的，医生的岗位是生命确定的。我是高原军医，要有高原军人那种"缺氧不缺理想，缺氧不缺感情，缺氧不缺精神"的气概。为了解决高原病的防治问题，我就是倒也要倒在岗位上。我到边防工作不久，我们团一连有个战士，施工中头部受了重伤，团里派我们去抢救。一连离团部一百五十多公里，我们走了两天一夜，第二天下午才赶到。这个战士是脑挫裂伤，颅内有血肿，颅压很高，神志不清，危在旦夕，送团卫生队抢救来不及。我顾不上多想，马上决定就地开颅，手术由我来做。当时就一个念头，把战友救活。如果手术失败，我给他的父母当儿子！我把自己的全部感情和知识凝聚在手术刀上，经过三个多小时的努力，手术成功了，战士的生命保住了。当我摘下口罩时，在场的同志已经分不清我脸上的泪水和汗水了。我们把战友从死亡线上夺回来了，这是生命对医生的最高奖励。大家都激动地说：真没想到，在这么简陋的条件下，还能完成这么高难度的手术，真是个奇迹啊！

1978 年，我被调到西藏军区总医院工作，主管的第一个病人叫卓玛，是个 18 岁的藏族姑娘，患有先天性心脏病。入院没几天，由于病情恶化，抢救无效，心脏永远停止了跳动！我眼睁睁地看着她闭上眼睛，却束手无策。从那一刻起，小卓玛求生的眼神一直刻在我的脑子里。这个眼神是对生命的热切期望，是对医生的热切期盼。当白床单盖住小卓玛那双期望的眼睛时，我在心底立下誓言，为了小卓玛，为了西藏人民，在西藏高原，我一定要把先天性心脏病治疗这个难关攻下来。

西藏是先天性心脏病高发区。我们抽样调查 2 万人，先天性心脏病患者就有 60 多人。治疗先天性心脏病的有效方法是手术。但在海拔 3500 米以上地区做心脏手术，不仅国内没有先例，国外也没有文献。一个外国专家曾经断言：在海拔 3500米以上地区做心脏手术是万万不可能的。但我决心闯一闯这个"禁区"，把不可能变成可能。

在高原，依靠手术治疗先天性心脏病，干起来才真正体会到什么叫困难。那时候，医院条件差，住的"干打垒"，没有实验室，我就在"太平间"旁打扫了一间旧仓库做实验。手术实验一缺动物，二缺器材，我们想方设法解决。没有实验设备，我自己掏钱买；没有临床经验，我用休假时间向老师学习。我只有一个想法，我能早一天掌握治病手术，病人就能早一天解除病痛。我先从动物实验开始干起。有一次，我给一条大黑狗做心脏手术，由于在狗房里守护了三天三夜，又困又累又饿，我躺在地上睡着了。等我醒来以后，狗也醒了，我刚一起身，狗就向我猛扑过来，狠狠地咬了我好几口。现在回忆，开初那几年，我就是在被狗多次咬伤中走过来的。

经过长达近二十年时间、二百多次动物实验、上百次失败考验后，我们在手术治疗先天性心脏病方面积累了一定的经验和第一手资料，对开展人体心脏手术也有了很大把握。但正式开展人体心脏手术，最难的事情是选择第一位手术病人。军人病员中没有现成病例，等待手术的是藏族同胞，由于知道风险很大，都不敢先做。那时爱人淑琴的外孙女莹莹患有先天性心脏病，我就同淑琴商量，先给莹莹开刀。如果手术成功，我们好给其他病人做工作；如果手术失败，我们宁负家人，也不负西藏人民。我们俩耐心说服亲人，把莹莹从大连接到西藏。当时她才 6 岁。手术那天，我的心情可想而知，我捏着一把汗，什么话也说不出来……2000 年 11 月 10 日，我为小莹莹整整做了一上午手术。手术成功了，我悬着的心放下了，当时高兴的心情真是难以形容，二十多年的心血终于没有白费。那一天，我实在控制不住自己，我真的流泪了。作为医生，我掌握了在高原治疗先天性心脏病的手术，实现了对病人生命的承诺；作为军人，我攻下了党指给我的山头，履行了肩负的重大责任。

在海拔 3500 米以上高原实施心脏手术，开创了世界先例，填补了国内空白。通过这个事情，我体会到，生命有极限，医学无"禁区"，只要有不畏艰难、勇于牺牲的精神，就没有克服不了的困难。近几年来，我为478名心脏病患者做了体外循环心内直视手术，其中包括法乐氏四联症、大动脉转位、单心室畸形矫正术和双瓣置换手术等等，成功率达98%以上。西藏群众感谢我，广大官兵赞扬我，但我心里明白，这不是我一个人的功劳，是全院官兵集体努力的结果。让我高兴的是，手术成功了！而让我感到愧疚的是，医治这样的病痛，竟让西藏人民群众整整等了20年！

1996年，我当了西藏军区总医院院长，职务变了，地位高了，但我从来没忘记自己是一名医生。这些年，我几乎走遍了驻藏部队所属的连以上单位和边防上的每一个哨所，行程达18万多公里，为官兵进行体检11万多人次。随着我的医术提高、职务提升，找我治病的人也越来越多。有的同志劝我说："名气大了，以后有风险的手术尽量少做，万一失败一次，岂不坏了名声。"但我没有想过这些，我觉得，我亲自给患者做手术，是对患者的一种安慰，是患者亲属对我的信任和期望。不管是普通士兵，还是农牧民群众，不管手术大小，还是时间长短，只要患者有要求，我从不推辞。在对待手术病人的问题上，我始终认为：院长再大，也是医生；手术再小，也关系患者的健康。尽管我已经在西藏做过9000余例手术，现在也已年满50岁，但只要西藏人民需要我，只要高原官兵需要我，我还会在手术台上继续站下去！

在实现手术治疗先天性心脏病的同时，我们还重视对血色素超标、高原肺水肿、脑水肿等高原病的防治研究。全院医务人员用"老西藏精神"教育自己，用高原官兵"艰苦不怕吃苦，缺氧不缺精神"的豪迈气概激励自己，攀登高原医学高峰。为了查病情、找病因，这些年我翻雪山，涉冰河，跑边防，上哨所，对不同海拔地区人群高原病发病率，缺氧、严寒对人体器官的损害程度进行调研，对一万余例高原病发病机理进行研究，组织攻关小组研制开发出了"高原康"、"高红冲剂"、"红景天虫草露"等预防高原疾病的药品。服用这些药品后，急性高原病发病率大幅度降低，治愈率达98.6%，我们医院医疗体系部队连续10年没有发生过一起高原病死亡病例。

随着职务的提升，特别是我当了院长之后，权力大了，赞扬的人多了。我时时告诫自己，手中的任何权力都是人民给的，用起来必须慎之又慎，绝不能滥用，更不能以权谋私。我任院长期间，医院医疗设备总价值由不到六百万元增加到四千多万元，新增医疗设备近五百台，每年购买设备、药品开支经费上千万元，医院新建房子上万平方米。在购设备、买药品、建房子等问题上，我坚持的原则是："不经手，不插手，不放手。"每花一分钱、每买一种药、每购一件器材都坚持集中采购，每建一项工程都采取公开招标的办法。今天，我可以问心无愧地对党说，我没有给"共产党员"这称号抹黑，我没有让党交给我的手术刀沾染"病毒"。

我家里兄妹六人，父母相继去世后，两个妹妹、妹夫下岗来到拉萨，找我这个当院长的哥哥，想在医院找个工作。按说，把妹妹、妹夫合法招进医院干临时工，没有多少困难。但我想，安排了妹妹、妹夫，我们李家的亲情是近了，但群众对领导干部、对党的感情可能会疏远。于是，我在拉萨为妹妹、妹夫找了份临时工。妹妹、妹夫很理解我，他们不但没有怨言，而且在别人面前总是说："哥哥对家人有亲情，对人民有感情，是个好哥哥。"但是，扪心自问，我确实欠了父母、妻子、女儿一大笔感情债。父母临终时，我没有看上老人最后一眼。妻子转业三年多，我只回去过两天。女儿长到18岁，才喊出了第一声"爸爸"。为这一声"爸爸"，我等了整整18年啊。但我不后悔，因为父母、妻子和女儿理解我、支持我，因为我的战斗岗位在西藏高原！

我为党和人民做了一些应该做的工作，组织给了我很多荣誉。我深知，这些都是党和人民对我的鼓励和鞭策，是对我提出的新的更高的要求。现在，西藏还有许多高原疾病和疑难病没有攻克，为官兵服务、为战斗力服务、为西藏人民服务，还有大量事情要做。可喜的是，我们医院已经有了4名博士后、13名博士、48名硕士，临床一线医生100%达到大学本科学历。我将同这支高学历人才队伍一起，把我们的热血、知识和年华，献给国防事业，献给西藏人民！

感动羌塘——解放军李爷爷救了我的命

★ ★ ★ ★ ★

（事迹报告）

今天，在这里，我要代表我的阿爸阿妈，代表我们草原上的人们，用我们藏族隆重的礼节，献一条哈达给李爷爷。感谢李爷爷，感谢共产党，感谢金珠玛米，感谢所有为我们草原人民办好事的好人！

我叫吉吉，今年16岁，家在西藏那曲地区那曲镇仁毛乡九村。今天我能在这里给大家说我的故事，全靠解放军李素芝爷爷，是他救了我的命。

我没上过学，从小跟着阿爸阿妈放牛放羊。12岁那年，阿爸把我带到那曲镇的姨妈家，帮助她们照看3岁的小表妹。

2001年冬天的一个下午，我吃了一些干

肉，觉得特别口渴。看见姨妈家墙脚有一个瓶子，里面装着半瓶水，就拿起来喝了。水一下肚，我的喉咙和肚子立刻像火烧一样，痛得要命。我紧紧地捂着肚子，缩成一团，在地上打滚。为了活命，我忍着钻心的疼痛，使劲儿地呕，想把喝的水都吐出来，但我看见，这时我吐出来的全是红红的血。我吓坏了，不停地喊："阿爸，救命呀！阿妈，快来救救我呀！"

不知过了多久，姨妈回来了，我阿爸阿妈也来了。他们以为我吃了什么坏了的东西，要给我灌酸奶解毒。但我根本喝不下，还是不停地吐血。当姨妈发现那个矿泉水瓶子空了时，肯定我把那半瓶"电瓶水"喝了，他们马上送我去了医院。后来我才知道，那种叫"电瓶水"的东西，就是硫酸，人喝了会死。

我在医院里躺了 5 天，输液、打针，肚子和喉咙还是很疼。我们家穷，阿爸说住院要花钱，就买了一些药，背着我出院了。

回到家里，我看见阿妈每天都在偷偷地流泪。我知道，她是担心我会死掉。在我们村里，前年就有一个小孩，也是因为喝了"电瓶水"，烧坏了肠子吃不进饭，没多久就死了。我想我不会死，因为我想吃饭，我都好多天没吃饭了。可东西到了嘴里，我怎么也咽不下去。看着弟弟们吃肉的样子，我只能偷偷地咽着口水，一点一点地喝阿妈喂给我的糌粑糊糊。

就这样，我在寒冷、饥饿和反复感冒中度过了 3 年。眼看着弟弟们一天天长高，我却一天天瘦弱。已经 15 岁了，我才 20 多公斤，阿妈说还没有一只羊那么重。雪化了，草青了，两个弟弟上学了，一个弟弟骑着牦牛上山放羊去了，而我，只能天天待

△ 李素芝和吉吉在一起

在家里，等死。

2003 年 4 月 18 日，是我永远难忘的日子。那天，阿爸背我到拉萨，来到西藏军区总医院，我第一次见到了解放军李素芝爷爷。

那天，李爷爷告诉阿爸，说我的喉咙只有毛线那么粗了。李爷爷对我说："吉吉，你很不舒服，是吗？"我说："李爷爷，我饿，我天天都饿，我想吃饭，我不想死。"李爷爷抱住我说："吉吉别怕，我们会让你好起来的，将来你一定能好好吃饭，想吃多少就吃多少，我保证。"李爷爷还向我做了个说话算数的手势。

李爷爷告诉阿爸，我身子太弱，现在还不能

做手术，要加强营养，先养一养身子。为了把饭送到我的肚子里，李爷爷在我的肚子上打了个洞，让护士阿姨每天用一根管子向我的肚子里灌牛奶、鱼汤等东西。医生还每天给我输一种白白的水，叫作什么"脂肪乳"。不久，我的身上慢慢地有了力气。阿爸又高兴又发愁，听说那些叫作"脂肪乳"的东西，贵得不得了。知道阿爸的心思，我就说："阿爸，我想阿妈了，我们回草原去养身子吧。"阿爸一口答应了。出院那天，李爷爷送我们出门，嘱咐我一定要听话，多倒点东西到肚子里，身体好些了就来医院做手术。

回到那曲，我每天小心翼翼地护着那根管子，那是我的命根子。可没过多久，我肚子上的洞就开始流水，十分难受。李爷爷知道后，叫阿爸马上把我送到总医院。阿爸没有钱，李爷爷说："救吉吉要紧，药费医院会减免的。"

我被阿爸第二次背进军区总医院。我天天躺在床上，输液，打针。李爷爷让护士阿姨每天给我灌有营养的东西到肚子里。好多时候，我迷迷糊糊地睡去，醒来后一睁眼，就看见李爷爷坐在床边。我也总是习惯在他摸摸我的头、做个说话算数的手势后，又呼噜呼噜地睡去。

在医院养了半年，我的身体结实多了。2004年2月24日，李爷爷说要给我做手术，不要那节被"电瓶水"烧伤的食道了，用我肚子里的一截肠子代替食道。护士阿姨告诉阿爸，我这样的手术在西藏是第一个，因为西藏氧气不够，做起手术来很麻烦。但她们叫阿爸不要担心，说院长爷爷是最棒的，他已经救了好多人的命。进手术室的时候，我有些害怕，我问阿爸我会不会死，阿爸说不会的。其实，后来阿爸对我说，他当时也很害怕，但一想到李爷爷和医院的其他医生护士那么好，就是我死了，他也不会怪谁。

医生就要给我打麻药了，这时，李爷爷又弯下腰，对着我的耳朵说："吉吉好样的，坚持一下，过几天就真的能吃饭了啊！"我的眼泪出来了，但我相信李爷爷，相信他说的话。

手术做了一整天，之后，我又在全是玻璃的病房住了十五天。阿爸不能进来，是医生和护士阿姨们日夜守着我。李爷爷每天都要到病房来好几次，给医生护士们交代事情，他每次看我的时候，都要冲我笑一笑。我觉得李爷爷的笑特别亲切。他那么一下暖洋洋的笑，让我想起了在草原上放羊的阿妈，我的伤口一下子好像就不那么疼了。

手术后的一天，李爷爷叫护士阿姨拔掉我鼻子上的管子，给我送来半杯酥油茶，说："吉吉，来，试试看，喝了它。"我半信半疑，不敢喝。李爷爷一再鼓励我说："没事，喝，喝吧。"我端着杯子，慢慢地喝了一小口。不知怎么回事，我还没有来得及想想酥油茶的味道，茶就吞到肚子里去了。我又狠狠地喝了一大口，又毫不费力地就吞下去了。我高兴极了，大声说："李爷爷，我能喝，我能喝了！"说完，我又捧起杯子，"咕噜咕噜"把剩下的全喝了。多好喝的酥油茶呀！我已经有整整四年没有好好吃过东西了！我扑在阿爸的怀里，高兴得哭了。我看见，护士阿姨们的眼睛也红红的，还有李爷爷和几个医生，他们的眼里也都有亮晶晶的东西在闪动。阿爸紧紧地抱着我，眼泪滴在我的脸上。那天喝茶的那种感觉，我一辈子也忘不了。能够吃东西以后，李爷爷拔掉了那根灌饭的管子，开始为我补那个插管子的洞。

出院前的一段时间，李爷爷叫我每天到院子里活动活动。一天，我在散步的时候，碰上两个来医院复查病情的小朋友，一个是叫拉巴次仁的小弟弟，一个是跟我差不多大的名叫德白的女孩。他们告诉我，他俩得的都是先天性心脏病，都是李爷爷亲自把他们治好的。拉巴次仁还说，他的那种心脏手术，在西藏是第一个。现在他们都好了，李爷爷叫他们每年都来医院免费复查一次。他们问我得的是什么病，现在怎么样了，我对他们说："我也好了，我能吃饭了。"他们一听就笑了，说："能吃饭有什么稀奇，哪个人不会吃饭呀。"可他们不知道，不能吃饭的病是多么难受。对我来说，能吃饭，就等于救了我的命，就像他们的心脏病好了那么重要。

2004 年 8 月 2 日，我终于可以走出医院，回到草原上去了。算一算，我在医院一共住了 346 天，总共花了 21 万多元的医疗费。李爷爷和医院商量了，我在医院的所有费用全免。阿爸说，如果要我们自己掏这笔钱，我们全家一辈子也还不起，因为我们家总共只有 19 头牦牛、30 多只羊和一匹马。回到草原上，大家都来看我，他们说我长高了、长胖了，还长好看了。那天，阿爸把我家供的佛爷像取了下来，换上了毛爷爷、邓爷爷和江爷爷的画像，阿爸还把我带回来的李院长的照片也挂在了画像下面。他告诉乡亲们："我们不敬佛爷，因为佛爷救不了吉吉；我们敬共产党、敬解放军，是他们救了吉吉的命。"

今天，在这里，我要代表我的阿爸阿妈，代表我们草原上的人们，用我们藏族隆重的礼节，献一条哈达给李爷爷。感谢李爷爷，感谢共产党，感谢金珠玛米，感谢所有为我们草原人民办好事的好人！

士兵至上——将军心里装着兵

★★★★★

（事迹报告）

战士心中有杆秤，谁把心交给了他们，他们就会把谁放在心头；谁把他们捧在手上，他们就会把谁举过头顶。在我们查果拉哨所，每逢新春佳节，我们不会忘记远方的李院长，都要给李院长寄一张自做的贺卡，捎一句我们边防战士深深的祝福。

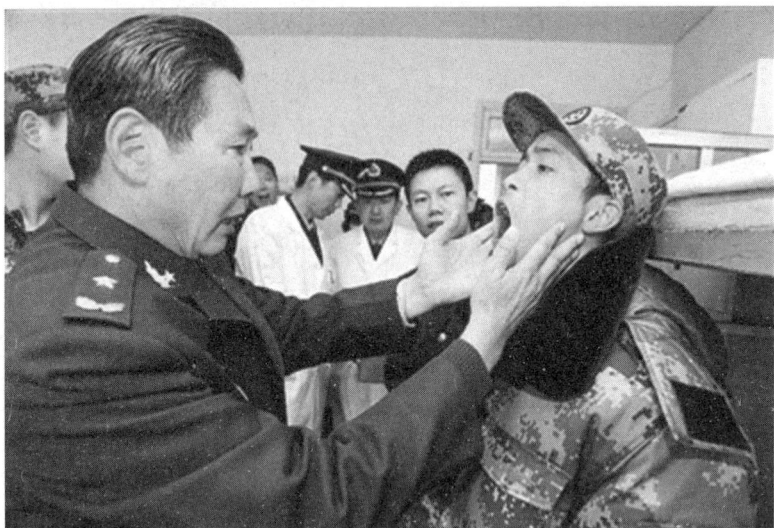

△ 李素芝在边防哨所为战士看病

　　我是查果拉哨所的哨长李文军。代表守卫世界屋脊的边防官兵，向大家报告李素芝院长关心我们边防官兵的事迹。

　　查果拉哨所海拔5300米，年平均气温0℃以下，空气含氧量不足内地的40%，被生物学家称为"生命禁区"，在这个连氧气都不够吸的地方，长眠着我们连队28名战友和官兵的亲人，他们都是被高原疾病夺走生命的。

　　1995年8月，老兵黄颂的妻子到哨所完婚。第二天，她突发高原肺水肿病故，婚礼变成了葬礼，她像一朵盛开的冰山雪莲，永远陪伴我们守卫着查果拉。9月，年仅28岁的机要参谋李建华回家探亲的第三天，也突发心脏病病逝。10月，我们副营长王海的妻子从广东到高原探亲，因患高原脑水肿，抢救无效，我们含泪把她埋在了哨位旁。

那年12月的一天，我们正在举行一个祭奠仪式，悼念因高原疾病长眠高原的战友和亲人，刚被任命为西藏军区总医院院长的李素芝，带着一支医疗队来到我们哨所。李院长久久地站立在坟前，他对医疗队的同志们说："这里是高原哨所的最高站立点，也是我们预防和治疗高原疾病必须攻克的制高点。"

我们听说，李素芝院长进藏之初，曾在一个边防团卫生队当军医。有一天，战士李刚在施工中因塌方被埋在土里，严重挤压伤，不省人事。当时医疗条件很差，施工地点距最近的医院也有三百多公里。送医院抢救显然来不及了。李素芝赶到出事现场，他果断地对连长说："就地实施剖腹探查！"连长不相信他有这个本事，敢在海拔这么高、条件又这么简陋的地方做手术，用疑问的口气问他："这是在高原，你凭什么给我的战士做手术？"李素芝回答说："我们都是情同手足的战友，就凭这份情、这颗心，我必须抢救他！"简易的房间里，所有人的目光都集中在李素芝医生的手术刀上。经过3个小时的手术，李刚被他救活了。士兵的生命，士兵的健康，从此牢牢地系在李素芝的心中。而他所在的边防部队官兵，也永远记住了那位踏遍边防、救死扶伤的李医生。

李院长心里装着士兵，不仅体现在高超的医术上，更体现在高尚的医德上。2002年1月，新兵刘其不幸患股骨骨肉瘤，送到军区总医院时，连走路都困难了。主治医生按常规制订了截肢治疗方案。方案报到李院长那里，他在"截肢"两个字下重重画了一道红杠，迟迟不忍心下笔批准这个在治疗上没有任何问题的方案。李院长看着刘其腿上的肿瘤一天天增大，身体一天天消瘦，心里像针扎似的痛。他天天在书中、网上查询治疗文献，在脑子构想既能治病、又可保全战士肢体的治疗方案。一天，他对骨科主任殷作明说："可以试试对刘其进行全股骨全髋节带膝关节置换手术。"殷主任听了，很高兴也很担心，他说："不截肢治疗，这在高原还没有先例，万一失败会败坏了你的名声！"李院长说："小刘这么年轻，如果截了肢，今后的人生路叫他怎么走啊！战士的腿比我们的名声重要得多。"手术那天，李院长亲临手术室现场指导，4个小时后，手术顺利完成，刘其的腿保住了，高原战士又能重新站立在高原了。出院那天，刘其的母亲热泪滚滚地将一面"恩重如山"的锦旗送给李院长。

　　一个风雪交加的夜晚，某旅战士刘文灿患急性高原心脏病，生命危在旦夕。李院长接到消息后，迅速带队出诊。凌晨1点，在翻越海拔5000多米的米拉山时，汽车突然抛锚，无法修复。李院长跳下车，急问有没有到刘文灿部队的近路。当得知有一条10公里的崎岖山路时，他背起急救包就迎着风雪走去。这是一条牦牛踩出的小道，宽不足60厘米，路边就是百丈深渊。医护队的同志跟着院长的身影，手拉手爬了上去。天亮到达的时候，他们都成了雪人。李院长直奔急救现场。4小时20分钟后，刘文灿心律恢复正常。又一个士兵的生命在李院长抢救下再生了！在场的官兵无不激动地说："李院长心系边防，情系官兵，真是我们边防战士生命和健康的'保护神'啊！"

"为了官兵的健康，再难的手术也要做，再贵的药品也要用！"这是李院长经常说的一句话。某边防团战士李峰，患严重的骨髓炎，需用"去甲万古霉素"、"泰能"等价格昂贵的药品治疗，一天的药费就需好几百元。有位医生从经济上考虑，换成了一般药品。李院长知道后，立即纠正，并在全院医护人员大会上郑重宣布："今后，谁停战士的药，我就停谁的职！"每年，经院党委同意，李院长特批用于官兵治疗的超标准药品就有100多万元。

从医生到院长，李素芝28年如一日，研究探索预防和治疗高原病的方法，全身心投入到为高原官兵服务、为提高战斗力服务、为西藏人民服务的事业中。如今，我们西藏军人急性高原病发病率已经下降到2%～3%，治愈率达98.6%。我们可以自豪地说，高原病已经被征服了，过去那种"婚礼变葬礼"的悲剧再也不会重演了！

战士心中有杆秤，谁把心交给了他们，他们就会把谁放在心头；谁把他们捧在手上，他们就会把谁举过头顶。在我们查果拉哨所，每逢新春佳节，我们不会忘记远方的李院长，都要给李院长寄一张自做的贺卡，捎一句我们边防战士深深的祝福。

在我们那儿，还流传着一个残疾战士与李院长结下深厚情谊的故事。那是1993年12月14日，班长张明带着11名战士巡逻，路上突遇雪崩，张明被埋在雪里，待到战友们从雪堆扒出张明，严重的冻伤已使他的双臂全部坏死，而且必须截肢才能保住生命。当时在西藏军区总医院当外科主任的李素芝赶到团卫生队，含泪给张明截了肢。手术后，张明看到自己两只空空的袖子，绝望地想："我连双手都没了，活着还有啥意思？"一天半夜，张明偷偷离开病房，准备到山顶了却生命。就在他爬上山顶的时候，摔倒了。这时有一双手从背后扶起了他。张明回头一看，是手术医生。他趴在地上不起来，泣不成声地说："我不想活了，你不要拦我！"李素芝一直不放心张明，发现他离开病房就跟了出来。他扶起张明，擦掉他的泪，说："你想过你父母没有，他们养你这么大容易吗？"说完，背起张明就走。张明拼命挣脱，不停地用头撞李素芝的背，用牙乱咬，一道道血痕浸透了李素芝的衣服。李素芝任他撞，任他咬，一步步把他从山上往回背，边走边喘边说："咬吧，只要你能好好活下去，咋样都行啊！"回到病房，他转过身去给张明倒开水，这时，张明看见了李素芝血迹斑斑的衣背，他流下了愧疚的眼泪。从此，李素芝住进张明的病房，日夜守护在他身边，测血压，量体温，喂饭喂药，和他交谈，给他讲张海迪、保尔身残志坚的故事，陪他走过了那段艰难的人生之路。帮张明重新树立起生活的信心后,他才返回拉萨。张明离开部队后,经努力,办起了养殖厂,组建了温暖幸福的小家庭。幸福中的张明经常写信到哨所,让战友们代表他向当年为他做手术并鼓励他坚持活下来的李医生表示感谢。因为李素芝院长不仅挽回了他的生命,还为他鼓起了前进的风帆!

大爱无疆——西藏就是我们的家

☆☆☆☆☆

（事迹报告）

　　素芝虽然欠了父母、妻子、女儿的感情债,但他却赢得了西藏人民和广大边防官兵的爱戴。我记得有位名叫扎西平措的藏族老人曾对我说:"李院长是个大好人哪!他把我们藏族百姓都当成了亲人!孩子,只要你不嫌弃,就常来我们家坐坐,西藏也是你的家!"听了这番话,我终于真切地感受到，素芝这二十八多年来在西藏所做的一切，就是呵护西藏官兵的生命，呵护西藏人民的健康，他用自己的年华和奉献塑造了一个共产党人的形象。

　　我是李素芝的妻子郭淑琴。

　　我和素芝既是上海第二军医大学的同学，也是一起申请进藏的战友。当初，是共同的理想和信念把我们俩联系在一起；如今，我们的女儿从重庆第三军医大学毕业后，也到西藏工作。我们一家三口和西藏结下了不解之缘，西藏就是我们的家。

　　二十八年前，我和素芝听党的话，主动向第二军医大学党委提交了申请，要求把我们分配到西藏边防工作。当时主动要求进藏的有三个人：素芝、我，还有一位女同学叫李志军。1976年的冬天，在鲜花和掌声中，我们告别了母校，告别了大上海，踏上了奔赴西藏的人生道路！

　　进藏后，我被分配到西藏军区总医院，素芝坚决要求到边防一线去工作，分到了山南军分区第九医院。但他还是觉得不能很好地实现为边防战士服务的愿望，又再三要求到条件最艰苦、边防官兵最需要的地方去工作，领导只好把他分配到了某边防团卫生队。他在信中说，他是坐解放牌大卡车货厢去报到的。汽车在风雪中颠簸了四百多公里，到团部时全身都冻僵了，连话都说不出来！素芝在边防团卫生队的两年中，跑遍了每个连队、每个哨所，研究了各种疑难病症，写下了十多万字的高原医学笔记。两年后，李素芝作为医疗骨干被调到西藏军区总

医院工作。于是，我俩在西藏有了自己的家。

尽管我们有了自己的家，又同在一个医院工作，但也是经常见不到面。因为李素芝这个人把事业看得比他的生命还重要，他把整个心思和精力都放在了钻研业务技术上，不是在实验室就是在图书馆，三天两头不回家，有时深更半夜才回来。我虽然没有研究课题，但作为一名妇产科医生，也有自己的病人需要照顾和治疗。上了一天班，晚上回到家里，总想和他说说话，就这么一点小小的要求都经常得不到满足，现在想起来也挺不是滋味。有一天，他从科里回来，脸阴沉着，眼圈红红的，我知道一定出了什么事。就问他怎么了，他沉默了很久才说："小卓玛死了！是先天性心脏病死的。"他对我说："淑琴啊，我们俩千里迢迢到西藏，不就是想为西藏官兵和老百姓做点儿事嘛！西藏患先天性心脏病的人很多，如果不及时治疗，将会夺去更多人的生命。我一定要攻下手术治疗先天性心脏病这道难关！"我知道他是个说到做到的人，也渐渐地理解了他。我有时间就去给他送饭，陪他做实验。有一次，我做了他最爱吃的饭菜送去，刚一进门，他却无缘无故地向我发起火来，说："你来干什么？回去！"我委屈极了，哭着跑回了家，真想再也不管他了。晚上，他回来了，双眼熬得通红，他对我说："淑琴呀，很对不起，不是我有意想对你发火，是因为我的实验至今还没有进展，心里着急呀！我心里有气没处撒，只有拿你当个出气筒。让你受委屈了，可别往心里去呀！"

结婚两年后，我们有了女儿楠楠。开始我们也想把女儿带在身边，可由于工作太忙，确实照顾不过来，只好把女儿托付给了我在大连的姐姐。女儿15岁那年，姐姐患脑血栓病逝了。这时，我和素芝反复考虑女儿怎么办，无奈之下，决定我先转业回大连照顾女儿，他继续留在西藏。从此，我们之间又多了一份牵挂和思念，电话就成了我们相互倾诉的唯一工具。他牵挂着大连的我，我惦念着西藏的他。那个时候，女儿还小，"爸爸"这个称呼在她的心目中只是一个概念，一个既熟悉又陌生的名词。女儿每天都要问我一个同样的问题："妈妈，我爸爸呢？

他怎么老不回来看我呢？同学们都说我是一个没有爸爸的孩子，欺侮我、瞧不起我，都不跟我一起玩。"我告诉她："你有一个好爸爸，他在很远很远的地方工作。等到过年的时候，爸爸就会回来看你的！"女儿每次听到我这样说的时候，就高兴地跳着跑着，大声喊："我爸爸要回来了，我爸爸要回来了！"有一年，素芝打电话说要回来过春节，于是我们就天天盼呀、想呀，女儿每天放学回来时，就跑到路口去等爸爸。时间一天天过去了，盼到了年三十，盼到了年初一，又盼到年十五……大年小年都过完了，女儿始终没有见到爸爸的身影。后来，素芝打电话说，他到边防巡诊去了，回家的事又泡汤了。我捂着电话听筒，忍不住哭出了声。我能理解他，可我幼小的女儿是不能理解的。女儿说，爸爸骗人，以后我们不理他了，我不要这个爸爸了！慢慢地女儿的性格变得越来越孤僻，不愿意跟人交流。有一次，素芝借出差的机会，回来看望我们，那是女儿第一次见到自己的爸爸。素芝叫女儿陪他逛街。女儿把他带到闹市区时，突然下起了大雨。他想带女儿找个地方躲躲，却发现女儿不见了。素芝在街上急得团团转，花了大半天时间也没有找到女儿，像个落汤鸡似的回到家。一进门，却发现女儿正躲在一边偷偷地笑。原来，他根本没有意识到，这是女儿在报复他：就是要把他一个人扔在大街上，让他也尝尝没人管的滋味。从女儿记事到高中毕业，算起来，素芝同女儿在一起的时间不到三个月。时间和空间的距离，冲淡了他们血浓于水的亲情。素芝也觉得愧对女儿，有空也给女儿打个电话，希望能够弥补一下没有兑现的父爱。可他每次给家里打电话，只要是女儿接的，女儿要么不说话，要么喊一声"妈妈，你的电话"，然后就走开了。慢慢地，女儿长大了，要让她当面叫一声"爸爸"，的确很难。我多次开导她，女儿总说："我不是不爱我爸爸。因为从来没叫过，现在叫真的不好意思。"女儿军校毕业后，也要求进藏工作。到了西藏，她和爸爸接触机会多了，慢慢地理解了爸爸。一天，女儿终于叫了一声"爸爸"，这下可把他爸爸高兴坏了。当时，素芝就给我打了个电话说："女儿叫我'爸爸'了! 女儿叫我'爸爸'了!"听着他那有些颤抖的声音，我也哭了。

我转业之后，在大连市石油医院工作。上班三年多，素芝没有回来，第四年时也只回来过两天。有的人还认为我们是孤儿寡母。液化气没了，我和女儿吃力地把气罐从楼上抬到楼下，又从楼下抬到楼上。有时候，家里电路出了毛病，一时找不到人修，我们母女俩只有早早上床睡觉。女儿怕黑，总是把我抓得紧紧的，说："妈妈，我怕! 妈妈，我怕!"

工作紧张，还能挺过；精神孤独，那才叫真苦。我刚转业回大连那几年，许多同事都怀疑我没有丈夫，说不是死了就是离婚了。我听后，心里特别难过。我反复地告诉他们：我有丈夫，他没有死，我们也没有离婚，而且感情非常好。可是人家就是不相信，有的人还用嘲笑的语气问我："你丈夫什么时候回来? 让我们见见他。"回到家后，我就给素芝打电话，哭着对他说："素芝，我求求你了，你回来一次吧。哪怕是一天半天都行! "有一次，素芝在北京开完会，顺便回大连看我和女儿，竟然找不到自己的家，只好到单位找我。这回我可逮住了机会，拉着素芝到各科室去转了一圈，给大家介绍:这就是我的丈夫!他叫李素芝，是个军人，在西藏高原工作!

素芝每次回来总是惦记着西藏的工作，待上几天就走了。包括去山东老家看望他的父母，也是匆匆忙忙。素芝说，他最害怕听到《常回家看看》这首歌。他说,他也想常回家看看,但不能啊!特别是我婆婆病重期间，我三番五次地发电报催素芝回来，他都因工作走不开，一拖再拖。等他回到家的时候，妈妈已经去世三天了。妈妈走了，爸爸也老了，素芝知道他和父亲见面的机会越来越少了。那天，他含着泪给爸爸做了三个小时的按摩，说了大半天的话! 最后，爸爸语重心长地对素芝说:"孩子，我知道你很忙，你还是早点回去吧。家里的事儿还有你妹妹她们呢。"第二天，素芝抹着泪，依依不舍地离开了家。谁也没想到，两个月后，父亲叫着他的小名病逝了。素芝和父亲的那次团聚，竟成了他们最后的诀别。

门巴将军——世界屋脊的生命守望者

★★★★★

西藏急性高山病发病率从上个世纪 80 年代的 50% ~ 60%，下降到现在的 2% ~ 3%，治愈率达到近 99%。驻藏部队连续 10 年没有一名官兵因高山病死亡。人们都说，李素芝功不可没。

"一滴水，只有融入大海才不会被蒸发；一抹绿，只有融入森林才不会孤单；一个共产党员，只有深深扎根于群众之中才会受到拥戴。"这是在雪域高原行医 35 年的西藏军区总医院院长、专业技术少将李素芝，对人生价值的深切感悟。

△ 李素芝和西藏的孩子们在一起

"生命的价值首先是生"

初夏的上海，阳光明媚。从飞机上俯瞰繁华的大都市，李素芝百感交集。

2001年5月，李素芝应母校第二军医大学之邀，前来介绍他六个月前创造的奇迹——世界首例高海拔地区浅低温心脏不停跳心内直视手术。

35年前，李素芝从第二军医大学毕业，在附属长海医院刚工作半年，就主动向组织递交了援藏的申请书。

"你为什么要离开上海，搞医学难道这里条

件不比西藏好吗？"当时，不少老师和同学这样问他。几十年后，仍有人这样问他。

上海与西藏，一个是繁华大都市，一个是氧气含量不足内地60%的"地球第三极"，谁都能明白两地的差别。然而，李素芝却认为："苦地方、险地方，正是建功立业的好地方。西藏有那么多医学空白，需要人去填补，我愿去做一个填补者。"

坐在开往西藏边防的大卡车上，狭窄的山路让他心悸不已，途中有时半个车轮悬在路外，万丈悬崖似乎随时要将他们吞没。艰险旅程使他深深感到边防官兵的不容易。

在边防某团卫生队当军医的日子里，他竭尽全力为官兵和驻地群众服务。他让官兵和驻地群众刮目相看，缘于一次意外手术。

那是一个风雪夜晚，一名战士在国防施工中身负重伤，生命危在旦夕。李素芝主动请缨，与其他医护人员顶风冒雪，徒步跋涉一百五十多公里赶到连队。经诊断，伤员为脑挫裂伤，颅内血肿。由于条件限制，连队领导当即提出向上级医院求救。

"这么远的山路，又是大雪封山，伤员等不及啊！"李素芝站了出来，"等就意味着死，生命的价值首先是生，应该就地实施开颅手术！"

"开颅？"听说要在简陋的卫生室进行开颅手术，连队领导连连摇头。

"出了问题我负责。"李素芝大胆操起了手术刀，在用两张桌子拼起的台子上开始了手术……

上级医院救护组赶到连队时，伤员已经睁开了眼睛。

李素芝的才能在边防刚刚施展，就接到西藏军区总医院的调令。他说边防团更需要他，请求继续留下。不想，上级又发来了第二封、第三封调令……

转眼 35 年过去了，李素芝已从一名年轻的军医成长为著名的外科专家、西藏军区副司令员兼西藏军区总医院的院长。

"生命有禁区，探索无禁地"

西藏是先天性心脏病高发地区，心脏病的发病率为内地的两至三倍，不少患者因为得不到及时救治而被病魔夺去了生命。治疗先天性心脏病最有效的疗法就是手术治疗。

然而，在高海拔地区做体外循环心脏手术，缺氧将导致患者肺动脉压力增大，血色素增高，是术中一道难以攻破的"屏障"。这种手术国内外都没有先例，国外医学专家曾断言：在海拔3500 米以上的高原实施心脏手术，简直是天方夜谭！

李素芝刚刚到西藏军区总医院工作不久，就

把这项研究作为发展的主攻方向。他自己动手搭建了一个简易动物实验房。为了方便观察实验过程，他把自己的铺盖卷也搬到了动物实验房。

命运之神特别不眷顾这个勇闯医学禁区的年轻人，连续三年，李素芝没有尝到一次成功的滋味。

李素芝自己掏钱购买实验器材和实验动物，有时候连买牙膏的钱都没有，只能用盐巴刷牙。

与他一起申请到西藏工作的妻子郭淑琴没有丝毫怨言。没有电，妻子为他擎烛；没有实验动物，妻子为他奔波去买；吃不上饭，妻子给他端来……妻子用行动鼓励李素芝：你一定能成功。

李素芝在做好本职工作的同时，艰难地进行实验，一步步地向成功迈进。他手术实验的动物由最初成活几个小时、一天，延续到了6天时间。但越接近成功，困难也越大，实验室意外的断水断电，使手术后已成活了6天时间的动物死了。泪水，一下子涌了出来，他气得在动物尸体上打了两下："你怎么这样欺负我……"

一次次的失败与打击，李素芝没有动摇。学习，实验；实验，学习。在不断的学习和实践中，李素芝的经验也越来越丰富了。

成功属于锲而不舍的奋斗者。2000年的冬天，经过李素芝20年的不懈努力，高原手术治疗先天性心脏病正式进入临床。

在3700米的高原，谁是第一例手术？他想到了亲戚家的小外孙女——6岁的先天性心脏病小患者。

"如果首例手术失败，宁负家人，也不能负其他患者。"李素芝征得家人的同意，把小外孙女推向了手术台。进手术室的前一刻，专程赶来的妻子对他说："人命关天，手术的风险你可要想清楚啊！"

"我们都是学医的，医生不把风险留给自己留给谁！"李素芝决心已定。

手术获得成功。为了这一刻，李素芝实验了20年，奋斗了20年。他从漫长的实践过程中领悟了一个真谛："高原生命有禁区，但为保障生命的探索没有禁地。"

2000年11月10日，一个载入世界医学史册的日子。小外孙女手术成功后，李素芝又为4岁的藏族儿童拉巴次仁做心脏手术，在媒体的关注下，手术再次获得成功。

媒体报道：医学专家关于"海拔3500米以上高原不能进行心脏不停跳心内直视手术"的结论，被李素芝用手术刀打破了。

2001年9月，高原地区首例法乐氏四联症根治手术在西藏军区总医院获得成功；

2002年8月，高原地区首例浅低温心脏不停跳大动脉转位矫正手术在西藏军区总医院获得成功；

2003 年 3 月，高原地区首例肾移植手术在西藏军区总医院获得成功；

……

一个又一个医学奇迹，在被世人称为"世界屋脊"的西藏高原上创造出来。

随着这一个个医学奇迹的诞生，"高原一把刀"的李素芝也闻名遐迩。

"边防官兵守卫的最高处，就是我攻克高山病的最高点"

西藏高山病发病率高，是对当地军民威胁最大、死亡率最高的常见病、多发病。西藏军区总医院成立以来，一直把防治高山病作为一项重要研究课题。李素芝担任总医院院长后，上任的第三天就带领高山病调研组到驻守在海拔 4800 米的驻军某部，为官兵们普查身体，调研高山病的发病机理。

李素芝调查发现："这个边防部队 80% 的官兵有指甲凹陷、脱发病症，近 20% 的官兵有心血管和消化、神经系统疾病。海拔 5300 米的查果拉哨所哨长吴鹏的血色素大大高于正常人的指标……"

"就在两个月前，副营长王海的妻子从广东前来探亲，因患高山急性肺水肿病故了；三个月前，营部参谋李建华回乡探亲，突发高原心脏病，病逝家中……"官兵们的讲述，让李素芝心如刀绞。

"边防官兵守卫的最高处，就是我攻克高山病的最高点！"从边防回到总医院，李素芝立下了铮铮誓言。

"现在治疗急性高山病有方案，预防也要拿出办法来。有条件要上这个项目，没有条件创造条件也要上。"在李素芝的提议下，军区总医院的高山病防治研究室改为高山病防治研究中心。李素芝语重心长地对研究人员说，中心要名副其实，必须用成果来说话。

缺经验，李素芝派人向全国知名高山病研究专家请教；缺数据，他带着攻关组到冰峰雪岭间采集药物标本，做动物试验。

李素芝到某边防连进行医学调研，听说附近有个老藏医有一种防治高山病的偏方，便连夜赶往老藏医家。途中他摔下山崖，痛得站不起来，就让人抬着他去……

在不断的探索中，预防高山病的药物研究有了初步成果。结束了动物实验，正准备进行人体实验时，李素芝在海拔5000多米的藏北高原采集植物标本时患了感冒。高海拔地区患感冒如果治疗不及时将引发高原肺水肿，甚至导致死亡。

同事们极力劝李素芝回医院治疗，他却说："快把我们研究的新药拿来，这正是试药的最佳时机。"他成了新药的第一个实验者。

2000 年 6 月，李素芝和同事们研制的预防高山病新药"高原康"胶囊通过了专家鉴定，成为全军高原部队预防和治疗高山病的装备药品。

不久，李素芝又组织研究人员研制成功高红冲剂、花虫胶囊等一系列防治高山病的新药，并编写了一部《高原病学》专著，揭开了高山病神秘的面纱。

→ 敬业奉献——融入世界屋脊的爱

☆☆☆☆☆

凭着对西藏各族群众的深厚感情，三十多年来，李素芝率领医疗队行程 40 多万公里，巡诊 20 多万人次，手术 13000 余例。原全国人大常委会副委员长热地感叹："李素芝和总医院

△ 李素芝珍藏着出院患者送给他的一百多面锦旗

为西藏的卫生事业做出了不可磨灭的贡献！"

每一面锦旗，都记述着一个救死扶伤的感人故事；每一条哈达，都蕴含着一片民族团结的真情！

李素芝珍藏着出院患者送给他的一百多面锦旗和一千多条哈达。

锦旗赞不完的，是李素芝为人民服务的一片赤诚。哈达献不尽的，是西藏各族群众对人民子弟兵的无限深情。

李素芝以自己精湛的医术和对西藏各族群众的满腔热忱，赢得了这样的美誉:西藏人民的"门巴"（藏语:意为医生）将军。

"走出去，把医药送到藏胞家"

李素芝每年都要去那曲巡诊几次。冬季的一天，寒风不停地抽打着海拔4500米的藏北草原。李素芝身着厚厚的军大衣，一手托着药箱，一手拄着木棒，踩着齐膝深的积雪艰难前行。

突然，他陷进一个雪坑。跟在他后面的医护人员急忙抓住他的手，但他的身体仍往下陷。

"怕是陷进了雪下的冰河!"随行的医务部主任郭灵常连忙让一名医生去藏胞家借绳子。

藏胞吉确听说后，抱起一卷羊毛绳便赶往出事地点。在吉确的帮助下，李素芝得救了，但他的腿冻伤了。

在吉确家的帐篷里，吉确14岁的小女儿德吉央宗端着一碗酥油茶来到李素芝面前。李素芝睁开因疼痛而紧闭的双眼，亲切地问她:"你妈妈和姐姐的身体恢复得怎么样?"

一句话，让央宗的泪落了下来。她想起一年前，正是李素芝治好了她们的病。

那次，李素芝来这里巡诊，发现吉确的妻子和三个女儿都患有严重先天性心脏病，不及时治疗将危及生命，就动员她们去总医院做手术。

吉确一家听说做手术是在人的胸口上开个大口子，说什么也不肯去。

一连好几天，李素芝和军医们轮流上门劝说，吉确不好意思再推脱了，就将信将疑地带德吉央宗跟着李素芝去了总医院。

手术进行得很成功，德吉央宗的心口不痛了，可以像别的孩子一样欢蹦乱跳了。

"简直是'神医'啊！"吉确回到藏北，带着妻子和大女儿、二女儿也来到总医院做了手术。

从这件事上，李素芝更加意识到："不能坐等患者上门求医，而要走出去，把医药送到藏胞家。"

李素芝每个月都要外出巡诊，每周都去西藏电视台和广播电台作一次"健康知识"讲座。

"手术刀系着患者生命，医德医风关乎党的形象"

35年来，李素芝收受病人的唯一"礼物"，是一位边防战士手术后送给他的一个日记本；找病人办的唯一一件事，是让一位藏北牧民帮他找了一只做实验用的动物；接受病人的唯一一次吃请，是他亲戚的小外孙女做首例先天性心脏手术成功后，亲朋好友请他到饭店聚了一次……

1996 年 1 月 18 日，农历大年三十，某部新战士邱金头部严重摔伤，被送到总医院。正在病房和患者一起收看春节联欢会的李素芝闻讯，立即赶到手术室。一个护士劝他说："院长，我们已通知了值班医生，您太累了，就别上手术台了！""值班医生的爱人刚来队探亲，让他们全家过个团圆年吧！"李素芝说着穿上手术服，走进了手术室。新年钟声敲响的时候，受伤的战士终于睁开了双眼。

2000 年 7 月，某边防团战士李锋患慢性骨髓炎，需用特效药。由于李锋病情重，用药剂量大，药品价格又贵，一名新调来的医生准备减少药量，用部分普通药替代。李素芝知道后严肃批评了这名医生，还在医院军人大会上宣布："今后不允许再出现这种情况。谁停战士的药，我就停谁的职！"

2004 年 1 月，数字造影机在总医院安装调试成功。当天，李素芝组织了对心脑血管造影术的术前讨论会，并决定首批 5 例手术由自己主刀。做血管造影手术，手术人员需穿戴近 10 公斤重的 X 射线防护服，一次手术吸收的 X 射线量相当于人体一年吸收的 X 射线总量，连续进行 5 次手术，对主刀医生身体的损害可想而知。大家建议把手术间隔拉开，不要安排得太紧。李素芝说："再过几天就是春节了，我们可以等，但病人不能等啊！"第二天上午，李素芝穿上铅衣，在手术台前忙碌了两个多小时。他刚走出手术室，就累得瘫倒在了走廊上。但第二天，他仍坚持上手术台……

李素芝经常告诫青年军医的一句话是："手术刀系着患者生

命，医德医风关乎党的形象。"

2001 年，那曲牧民达瓦多吉 13 岁的女儿吉吉，因误食"电瓶水"烧坏食道，一年多时间只能吃青稞糊糊。李素芝听说后，当即决定把吉吉接到医院治疗。

李素芝为吉吉做了结肠代食道手术，使她恢复了健康。离开医院的时候，达瓦多吉要了一张李素芝的照片留作纪念。回到那曲后，他用藏文写了一份志愿要求加入中国共产党的申请书。他说："是共产党、解放军救了吉吉。我要争取做像李院长那样为大家谋福利的共产党员。"

"我们在西藏很苦，但苦也要苦出名堂来"

1994 年夏季的一天，李素芝在简陋的宿舍里准备了两碟凉菜和一瓶家乡酒，与好朋友孔繁森相聚。

分别时，孔繁森对李素芝说："我们在西藏很苦，但不能白苦，苦也要苦出名堂来！"万万没有想到，几个月后，孔繁森因公殉职了。"我们在西藏很苦，但苦也要苦出名堂来"成了李素芝的人生格言。

青藏铁路是国家实施西部大开发的一项重要工程，工人们在平均海拔 4000 米以上的地方施工，医疗保障是一个很棘手的问题。但是，一些医疗机构不敢也不愿承担这项保障任务。

李素芝主动与青藏铁路指挥部联系，要求承担青藏铁路工程的医疗保障任务。青藏铁路指挥部领导非常高兴，当即与李素芝达成协议。李素芝当天就跑到当雄县，去勘察医疗站的修建地址。勘察中，一颗生锈的铁钉刺穿了他的脚板。他刚躺在病床上接受治疗，听说送来了一个重病人，就马上翻身下床为病人手术。4 个小时的手术结束了，李素芝的脚肿得已不能再着地。

2003 年 8 月，羊八井隧道施工攻坚战打响，李素芝带着医疗队来到隧道内进行医疗保障。

隧道内光线昏暗，地面泥泞，且不时有石块掉落，随行的医生劝李素芝不要进去。

"我们都是医生，工人们天天如此，我凭什么不能进去？"李素芝说着，加大步伐走到队伍的最前面。一位工人摘下自己的安全帽给李素芝戴上，李素芝连忙推辞。

"我的命都是您给的，您戴我的安全帽有什么不行？"那位工人说。

李素芝看着素不相识的工人，满是疑惑地问："我给你做过手术吗？"

"没有，但是你们的'健康快车'救了我。"

原来，这位工人一次到拉萨办事，突发高山性心脏病倒在街上，西藏军区总医院在拉萨城区 24 小时巡诊的"健康快车"把他拉到了手术室。

"健康快车"与"免费医疗"、"复明工程"、"心脏工程"等四大爱民项目，都是李素芝倡导搞起来的。这些项目使解放军与西藏人民的心贴得更近了。

一天深夜，总医院邻近的娘热乡藏族老人扎桑突然肚子痛得厉害，拿着总医院发的免费医疗证去找李素芝，刚到总医院门口就因疼痛难忍倒在地上。卫兵抱起他的时候，他只说出"李素芝"三个字，就痛得昏了过去。刚下手术台的李素芝接到卫兵的电话，连忙跑到门口，一看症状是急性阑尾炎发作，二话没说把老人背到了手术室。

当老人醒来的时候，李素芝却因劳累过度躺在他身边的病床上……。从此，每到过节，老人就提着一篮鸡蛋送给李素芝，让他补身子。李素芝谢绝了，老人就把鸡蛋送给在医院住院的解放军官兵，说："你们和李院长都是亲人解放军，谁吃都一样。"

为了明天——愿以此生许高原

★★★★★

从上海到西藏，为的是追寻理想；从个人奋斗到带起一个群体，为的是托起明天的太阳。在西藏军区总医院院长李素芝的心里，"明天的太阳"，就是更多超过他的、甘愿扎根世界屋脊的医学尖子。为了明天，他勇往直前，把一个个辉煌写在了雪域高原；为了明天，他挺直身躯，把自己化成一座通往医学高峰的云梯。

打造高原医学人才方阵，是李素芝最大的心愿。他初任院长时总医院只有1名硕士生，如今全院有4名博士后、13名博士和53名硕士，临床医护人员全部达到本科以上学历，初步形成一支高素质医学人才队伍。

△ 李素芝和医院的专家们参加军事演习

"我最大的快乐，是看到比我强的人越来越多"

一场纷纷扬扬的大雪，古城西安的气温骤降到零下11摄氏度。冒着刺骨的寒风，李素芝艰难地向前走着。第四军医大学操场左侧的研究生楼里，住着他三年前送来读书的医生黄承良。他没想到黄承良这一走，就不愿回西藏了。

为了动员黄承良学成后回藏工作，李素芝这已是"六顾茅庐"了。

"像你二十多年这样拼命干，得到了什么！"

黄承良问院长。

李素芝微笑着说："人要有点精神，不能什么都用名利去衡量！"

"你这一套过时了，现在是什么年代？"黄承良听不进去，起身走了。

半夜了，李素芝还在研究生楼里坐等黄承良。可整整等了一夜，黄承良都没有回来。

李素芝第七次再来宿舍楼，刚走到楼梯口，一个同学告诉他，黄承良听说你来了，躲起来了。

李素芝央求这位同学带他找到黄承良。从"家庭原因"到"观念冲突"，黄承良再也找不出拒绝的理由，他问李素芝："我回去你会不会给我小鞋穿？"

"我还指望着你们接我的班呢，怎么舍得？"

一句话，让黄承良的眼泪流了下来。回到西藏他才知道，这位新上任的院长是怀揣着西藏军区要求27名学成的研究生回藏工作的命令去找他的。李素芝完全可以以行政命令的手段，强制自己回去。

"好多人说院长太厉害，我看院长是最善解人意的人。"如今已是西藏军区总医院脑外科副主任的黄承良流着泪说。

留人重在留心，留心就需用情。这是李素芝使总医院成为人才强磁场的关键药方。

每个分配到总医院的院校毕业生，一下飞机，就能看见欢迎他们的巨大横幅等着他们。

每位取得硕士资格的医生，一进总医院，就能分配到一套住房、一部电话，享受中灶就餐的待遇。

李素芝不爱笑，但他只要到内地出差，总会请在那里读书的总医院官兵吃饭，介绍医院的变化，与大家谈笑风生……

别人问李素芝："你最大的快乐是什么？"他想也不想地回答："看到医院里比我强的人越来越多，因为医院太需要人才了。"

"你们的需要，就是我的工作"

即将毕业的张明森正休假在家，电话铃声响起，他拿起听筒，一个熟悉的声音传来："明森，咱们医院准备搞一个细胞培养实验室，想请你回来主持。"是李素芝的声音。

细胞培养实验室！张明森听到这个消息，心里有说不出的激动。这可是他的梦啊！

"西藏重型肝炎发病率高，你又参加过国家'九五'课题'生物性人工肝'的研究，我觉得你主持这个细胞实验室很合适！"李素芝的话如一瓢水泼进干涸的土地，张明森一连说了好几个"谢谢"。

张明森把这个喜讯告诉了妻子。"我下岗了，你又要回西藏，这日子咋过啊……"妻子一听，扑在沙发上哭了起来。

第二天，张明森支支吾吾地给李素芝打了个电话。李素芝一听已明白了几分。

三天后，张明森收到一封从拉萨寄来的特快专递，拆开一看，是邀请他妻子到总医院工作的介绍信。

张明森偕妻子重返拉萨，在机场，他不解地问前来接他的李素芝："您怎么知道我想搞细胞培养实验室？"

李素芝满面笑容："你们的需要就是我的工作。"

创造有利于人才发展的环境，是李素芝想得最多的事。植树造林，营造园林化营院；正风清源，营造良好的人际环境；唯才是用，营造有利于人才的政策环境……一项项举措，使总医院成为雪域高原的人才高地。

李素芝听到军医李先茂父亲病重的消息，第二天就批准他回去探望。李先茂回到家，看着妻子一个人照顾3岁的女儿、卧病在床的母亲和正在住院的父亲，心里非常自责。正在这时，家乡的一家私立医院给他发来了邀请函，许以高薪和其他优厚待遇。这对李先茂太具诱惑力了，他一连向西藏军区总医院发去了三封转业报告。

李先茂的转业申请被批准了。送别的那天，李素芝握着李先茂的手，未语泪先流。"我已和第一军医大学讲好了，虽然你转业了，但你的博士后可以继续读，这对你以后的发展有好处。"

李先茂听完，一句话也说不出来，步履如铅往前走。临上车，他突然扔下行李，说："院长，我不走了，我一辈子都不走了！"刹那间，在场的人眼泪全落了下来……如今，李先茂是总医院的技术骨干、学科带头人，他的家庭困难在组织的关怀下也得到了解决。

"你们尊重我，就要敢于踩着我的肩膀去攀登"

西藏首例腹腔镜手术在总医院获得成功后，许多人看见李素芝就夸道："了不起，你又有了新突破！"

"你们戴错了'高帽子'，腹腔镜手术是刘厚东主刀的。"李素芝坦率地说。

刘厚东听说之后，连忙找到李素芝说："院长，没有你的指导，我刘厚东哪有今天……"没等他把话说完，李素芝就打断他的话："厚东啊，你们尊重我，就要敢于超过我，踩着我的肩膀去攀登更高的医学高峰。"

一个人不能代表医院的水平，只有医疗队伍整体水平的提升，才能有所作为。李素芝越来越意识到人才培养问题的紧迫性。

全院大会上，李素芝宣布了几条院党委刚刚通过的决定：

"设立高原课题研究基金。医护人员提出的医疗科研课题，经院科委会论证确定后，由医院提供科研经费进行基础性研究，待课题基本定型后，申报上级研究立项。"

"硕士研究生毕业，获得副主任医师以上专业技术职称者，不论职务高低、军龄长短，生活待遇同院领导一样，并优先晋职、晋级、晋衔。"

……

一石击起千层浪。对院党委决定的议论声还未停息，李素芝就代表总医院与第三军医大学签订的一份合作办学的协议。按照协议，第三军医大学在西藏军区总医院建立1个博士研究生培养点、4个硕士研究生培养点。

与此同时，医务人员发现，自己身边的同事被送到内地攻读硕士、博士学位或外出进修的越来越多。李素芝上手术台的时候，带的人也越来越多。

年轻的骨科医生殷作明接到通知去读研究生，小伙子别提有多高兴。在校期间，他勤学苦练，业务提高很快，先后发表了三十多篇学术论文。

殷作明获得硕士学位回到高原，李素芝高兴地说："你的论文我都看过了，不错。医院决定将新开设的高原战创伤研究这个课题交给你！"

2002年3月，某部战士刘其患恶性肉骨瘤住进了殷作明所在的骨科，李素芝很关心这件事，常与他一起讨论治疗方案。

治疗这种病，国内常用的办法是高位截肢治疗。李素芝问殷作明："你觉得这个手术还有没有新方法？"

殷作明说："国外有用全股骨带髋关节和膝关节置换术治疗好骨肉瘤的病例。"

"那你敢不敢试试？"李素芝以"激将"的口吻问。"敢！"殷作明话音刚落，李素芝就递过来一大摞资料，原来他早有这样手术的打算。

手术定于3月17日进行。这天，殷作明却忽然有些犹豫，他对李素芝说："我们还是用老办法吧？"李素芝笑道："我和你一起做，你怕什么，出了问题我负责。"

几个小时后，国内首例全股骨带髋关节和膝关节置换术手术在殷作明的主刀下获得成功。当晚的庆功宴上，李素芝高兴地对殷作明说："要是总医院每个人都能像你这样敢想敢闯，我就不愁没有接班人了！"

不懈奋斗——把生命的价值书写在地球之巅

☆ ☆ ☆ ☆ ☆

"奋斗之路只有起点没有终点。"

"把生命的价值书写在地球之巅。"

你站在地球之巅

操起信念手术刀

擎着"三个代表"明灯

你把

对官兵的热肠

对人民的忠心

对高原的赤胆

——探察

你把

理想的升华

奋斗的历程

△ 李素芝带领医疗队在雪域高原巡诊

生命的价值

字字镌刻……

2004年7月，西藏军区总医院院长李素芝掸去高原的风尘，登上军区学习实践"三个代表"重要思想先进事迹报告会讲台。一位听众即席写下这首激情之作。

这是人们对李素芝的赞扬。这是李素芝在地球之巅艰苦奋斗28年的真实写照。当月，李素芝被总政治部评为"全军优秀共产党员"。

1976年12月，22岁的李素芝从第二军医大学志愿申请进藏。面对高寒和缺氧,李素芝立誓：

"把生命的价值书写在地球之巅"

从上海到西藏，路遥万里。经过40天艰苦行程，李素芝站在海拔3500米的边防线上，成为一名边防军医。在战胜严重高原缺氧反应后，他在"生命禁区"与死神展开了首次较量。

边防某团一连发生了一件意外事故。在施工中头部受重伤的战士李刚脸色苍白，意识不清，双眼紧闭，嘴唇黑紫，生命危在旦夕。

得知这一情况后，李素芝主动请缨，立即与同志们顶风冒雪，徒步跋涉上百公里赶到一连。经诊断，这是脑挫裂伤、颅内血肿和颅内高压所致。连队领导说："虽然大雪封山，还是得送，要不，他是一点希望也没了。"

"上百公里路，就是送到医院，恐怕也凶多吉少！"李素芝站了出来，"应该就地实施开颅手术！"

"凭这里的条件开颅，你开玩笑吧！"

李素芝大学毕业后，以全优的成绩留在长海医院当外科医生。做开颅减压手术，他有把握。在海拔3500米的高原上开颅救命，他没有实践过。所有人的目光集中在李素芝身上。面对战友沉甸甸的生命，李素芝操起了手术刀……

奇迹出现了。死神在李素芝的手术刀下退却了。李刚得救了。这年，李素芝23岁。

"边防一线维护生命的手术台，就是生命维护者的人生大课堂。"李素芝从李刚生命回归中掂出肩负责任的分量，感到在"生命禁区"履行维护生命使命的意义："我要把防治高山病作为我一生的课题和使命，把生命的价值书写在生命的禁区里。"

从此，高原的夜晚属于李素芝。每天晚上，他披一件军大衣，点一支蜡烛，捧一本医书，如痴如醉地学习。在高原烛光下，他攻读了《外科学》、《内科学》，完成了《高原地区训练中脊椎小关节紊乱的手法治疗》、《高原地区四肢创伤的临床特征及防治》、《高原地区多发伤救治》的理论初探及临床实践，并为团里培养出 15 名连队卫生员。

在边防一线，李素芝跑遍全团每个连队、每个哨所。从团长到士兵，他为每个官兵建立了健康档案，逐个记录官兵在高原年度生理变化参数。大到开颅、小到阑尾手术，他都逐例记录在自己的笔记本上，写下了十多万字的高原医学笔记。

在边防村寨，李素芝走村串户，调查高原人的生活起居、饮食习惯。高原常见病、多发病、疑难病，成为他研究的重点、立项的课题。

那年，边防某团党委将三等功军功章挂到了李素芝胸前。不久，西藏军区总医院将李素芝从边防一线卫生队调进医院工作。

2000年11月10日，李素芝成功主刀高原首例人体心脏直视手术。面对笑脸和哈达，李素芝欣慰：

"奋斗的价值就在奋斗的过程之中"

带着边防医疗的实践果实和对高原、对生命的直接感悟，李素芝成为西藏军区总医院一名外科医生。他主管的第一个病人叫卓玛，18岁，先天性心脏病患者。

那一天，卓玛睁大眼睛看着"新来的李医生"。"我的心（脏）你能治好吗？""我相信你这种病是能够治疗的。你相信我吗？""我们西藏人都相信金珠玛米，请你一定治好我的病。""相信我，卓玛，我一定要治好你的病！"

那一刻，卓玛的心脏停止了跳动，美丽的眼睛却一直望着李素芝。当白床单盖住卓玛那双期待的眼睛时，李素芝在心里标定了攀登高原医学高峰的第一个台地：为了小卓玛们的生命健康，一定要尽快在高原开展手术治疗先天性心脏病业务。

高寒、缺氧是心脏病的"第一杀手"。高原心脏手术不仅国内没有先例，世界医学界也无人问津。在小卓玛那双眼睛注视下，李素芝决定从动物身上积累高原体外循环心脏手术经验。医院停尸房旁边那间10平方米的小木屋，被李素芝选中为攻克世界性医学难题的"实验室"。实验用的器材和动物来源，在当时条件下就是天大的困难。那些年，只要总医院有人回内地，李素芝就会把购买实验器材的钱、清单、草图，赔着笑脸送到人面前："帮帮忙，这个东西我急用。"次数多了，回内地的同志也会主动找上门："李医生，这次要带点啥？"

最使李素芝难为情的是到医院各个食堂为手术实验狗讨狗食。实验旺期，他天天要为10来条实验狗讨食。"师傅，那几个吃剩下的馒头都给我吧。"对容易给人脸色看的厨房师傅，他讨得小心翼翼，"那碗饭别倒进厕所，倒到我的盆里。"

李素芝做动物实验，一做就是整整20年！

母亲在老家病逝那天，李素芝来到"实验室"做动物麻醉实验。由于扛不住连续几晚熬夜的疲劳昏睡过去。后来，被麻醉的猛犬先醒了，挣脱捆绑，一口把李素芝咬醒了。在李素芝手上、腿上和身上，有多处被实验犬咬伤、抓伤。

母亲病逝后的第三天，他才跌跌撞撞赶回山东老家。三天后，他对年近80岁的老父亲说："儿子得回高原了。"战争年代入伍的父亲说："既然部队工作忙，你就早点回部队吧。"李素芝返回西藏两个月后，父亲病逝。他在心里对父母说："儿欠你们的养育之恩已经无法报答。"

李素芝为自己愧对家人，多次流过泪。

女儿李楠在渤海湾姨妈家生长到15岁那年，

最心疼她的姨妈病逝了。李素芝利用出差的机会，到妻子的姐姐家看望女儿。女儿望着"从天边边回来的爸爸"，既不回答他的问话，更不叫他"爸爸"。同女儿生活10天，无论他怎么表现，女儿最多冲他笑笑。夜晚，望着女儿天真的睡容，李素芝止不住泪水长流。

回到高原，他同妻子商量说："你能不能转业回内地照顾楠楠？"郭淑琴当时已是医院妇产科主任，她理解丈夫的心情，也热爱自己在高原的事业。两难选择，郭淑琴做出了牺牲，当年转业到大连一家职工医院工作。

2000年春天，高原手术治疗先天性心脏病正式进入临床。李素芝比谁都明白，在海拔3700米的高原做心脏直视手术，风险极高，责任重大。选择谁来做第一例手术？军人病员没有现成的病例，藏族病员没有志愿者。他想到一个孩子——抚养女儿楠楠成长的姨姐的孙女——6岁的先天性心脏病小患者，"如果首例手术失败，宁负家人，也不能负藏族人民"。手术那天，李素芝问小外孙女："你相信爷爷吗？"孩子盯着他认真地点了点头。在家人、亲友的目光注视下，李素芝操起重如千钧的手术刀。

高原承接了李素芝厚爱人民的赤子之心，手术获得成功。为了这一刀，李素芝实验了20年，奋斗了20年，他用20个年轮感悟了一个真谛："奋斗的价值就在奋斗的过程之中。"

2000年11月10日，一个载入世界医学史册的日子。

这天，李素芝从容地走进手术室。在第三军医大学教授肖颖彬的指导下，在各新闻媒体"现场直播"下，他要公开主刀世界首例"海拔 3700 米以上高原浅低温心脏不停跳心内直视手术"。先天性心脏病患者是名叫拉巴次仁的 4 岁藏族小男孩。历时 166 分钟，手术获得成功! 小拉巴次仁术后一切正常。医学专家关于"在海拔 3500 米以上的高原不能进行心脏不停跳心内直视手术"的结论，被李素芝用手术刀画上历史的句号。

在此后三年间，李素芝为 470 名先天性心脏病、风心病患者主刀手术，解除病痛，手术成功率达 98%。

1996 年 3 月，中央军委任命李素芝为西藏军区总医院院长。面对岗位和责任，李素芝认为：

"奋斗之路只有起点没有终点"

李素芝在雪域高原奋斗的第 19 年，被任命为西藏军区总医院院长。那年"高原一把刀"的美誉，也把李素芝的名字铭在西藏军民的心上，刻在高原医疗事业的丰碑上。

功成业就，李素芝还需要奋斗吗? 翻读李素芝任院长后写下的八本学习笔记，有一个思想贯穿始终，跃然纸上："党以艰苦奋斗而兴，国以艰苦奋斗而强，军以艰苦奋斗而胜，业以艰苦奋斗而成。艰苦奋斗对共产党人来说，永远是只有起点、没有终点的奋斗过程。"

在李素芝八年半的院长工作日志里，随手查阅，就可以寻找到他"没有终点的奋斗过程"——

上任第三天，李素芝带着 3 名医生来到海拔 5300 米的查果拉哨所，在山上待了三天三夜，为每个官兵检查了身体，建立了健康档案，详细记录了人在这个海拔高度生存的自然和生理数据：80% 的官兵有指甲凹陷、脱发掉发病症，近 20% 的官兵有心血管和神经、消化系统疾病。哨长吴鹏的血色素竟高达 23.7 克……回院第二天，李素芝提议召开院党委扩大会议，他在会上呼吁：一定要攻克高山病由治到防的第二大难关！不久，医院高山病药物研究所成立，李素芝担任所长，指定 4 名学科带头人各带一个课题组攻关，终于研制出预防高山病新药——高原康胶囊。该药对急性高山病的防治率达 98.6% 以上，在对高山病的防治上达到世界领先水平。如今，驻藏部队急性高原病发病率已经下降到 2%～3%，连续八年没有一名官兵因急性高山病死亡。

2004 年 1 月 16 日，影像诊断及介入治疗心血管疾病的高科技设备数字减影机，在总医院安装调试成功。当天，李素芝组织首批心脏血管造影术术前讨论。他说："首批 5 例手术由我来做。再过几天就是春节，一定要在春节前把 5 例手术完成，让病人过个放心年。"1 月 17 日上午 10 时，李素芝穿上铅衣，在射线中手术 120 分钟，术后他的白细胞指数下降至 3400。一天连续 5 台手术，放射性反应倍增，李素芝全身无力。

……

李素芝始终认为，艰苦奋斗体现在具体人身上，是一种精神，一种状态。体现精神，决定状态，是奋斗者对为之奋斗的事业的态度。

一天中午，一位前额被划了一条 2.5 厘米长伤口的地方患者，来到总医院就诊治疗。这是只需清创、缝合的小手术。当值医生准备给他清洗创口时，患者却说："等一下。我还没女朋友，你做手术，万一脸上留下伤疤怎么办? 我已给你们院长打了电话，他说就来。"

当值医生心想："伤口不大，口气不小。这么小的手术也要求院长亲自做，那不得把院长累死!"谁想，李素芝真的出现在急诊科，而且笑容可掬地说："让你等久了，请原谅!"他边说边为患者冲洗、消毒、局麻、缝合……

大院长做小手术，人们担心不小。有人这样劝说李素芝："手术台上没有百分之百，万一失败一次，会有损你'高原一把刀'的名誉。"他闻言笑语："院长再大，也是医生，手术再小，也是在患者身上划刀子。手术大小，名声好坏不重要，重要的是医生不能放下手术刀，永远把患者挂在心尖尖上。"2002年3月，某团新战士刘其患股骨骨肉瘤重症，按常规需高位截肢。李素芝带领骨科专家查阅了大量资料，反复研究论证，形成了不截肢但有风险的全股骨全髋节置换手术方案。有人劝他："你已经功成名就，就别冒这个险了，万一手术失败，会坏了你的名声。"李素芝想的是战士的生命和健康质量，冒着风险成功实施了创新手术，使这位年轻战士重新在高原上站立了起来。

一组数据记录在总医院的院史里，铭记在西藏军民的记忆中：李素芝任院长8年零6个月，在高原工作28年2个月，平均每天工作10小时，每周平均3例手术，累计120次带队巡诊，行程18万公里……

2000年7月，中央军委授予李素芝专业技术少将军衔。面对金星和权力，李素芝清醒：

"艰苦奋斗是共产党人的长生之道"

院长的岗位，将军的权威，"名刀"的名望，使李素芝更加清醒。"人无长生之药，党有长生之道。艰苦奋斗就是共产党人最好的长生之道。"当上将军的李素芝，面对金星和权力，天天用这句话提醒自己、自律自己。

"高原一把刀"使李素芝的名字传遍高原。点名请他做手术的病人，上有官员，中有老板，下有贫民。尽管谁都想对他"表示"一下，但他对谁都是一个态度：医生的手术刀下只有病人，没有官职，没有贫富，请吃不去，送礼不收。

内地医院"点名手术制"传上高原不久，一位患者入院后，也要求付费点名请"高原一把刀"为自己手术。李素芝接受了"点名"，拒绝了"红包"。他说："你出钱点名要我为你做手术，这是你的权利。我为你做手术是履行医生职责，除了医院应该收取的医药费外，我自己不要一分钱，这是我的原则。"手术做得很成功，出院那天，患者悄悄留给李素芝 2000 元钱。李素芝找来医院医德医风办公室的同志说，一定要找到这位患者，把钱退还给他，并向他传递一个信息：共产党培养的医生，解放军开的医院，手术刀上不能沾染病菌。

据总医院医德医风办公室一年的统计，李素芝拒收病人送的"点名手术费"和礼品价值六万余元。一位参与调查核实李素芝先进事迹的同志经过对上千个事实和数据的查证后，深有感慨地说："李院长主刀手术 13000 余例，如果一例手术只收取 100 元点名手术费，他至少应该是一个百万富翁。他平凡的高尚就在于，他手中的手术刀洁净得如同患者送给他的洁白哈达。"

在李素芝看来，领导干部永葆艰苦奋斗政治本色，最难过的一关是亲情关。李素芝的老家在沂蒙山老区，李家有兄妹 6 人，三个儿子在外为国家和军队建设工作，三个妹妹在家替三个哥哥照顾父母晚年。那年 2 月，父母相继去世后，两个妹妹、妹夫下岗来到拉萨，找到当将军院长的哥哥说："我们替哥哥照顾父母 20 多年，现在为老人送了终，在老家没了牵挂，也没有依靠，生活过得艰难，请哥哥在医院为我们找份工作。"

李素芝望着千里来投靠他的妹妹、妹夫，心里备感亲情珍贵，亲情难却。他说："咱爹、咱娘因为有你们的照顾，才有幸福的晚年，哥哥一生都会记住你们的情。哥先在医院外面给你们两家租间房子，哥有吃的，就饿不着你们。找工作的事，容我想想办法。"李素芝想了一个星期，也没有想出一个既不伤害兄妹亲情，也不损害党的形象的办法。按说，总医院是政策允许面向社会招聘合同工的单位，只要他向院务部暗示一下，把两个妹妹招为护工，两个妹夫聘为院工，是没有一点问题的。但李素芝没有这样办，理由只有一个："总医院是共产党建在西藏的军事医疗单位，不是李家开的私立医院。如果把妹妹、妹夫招聘进医院工作，李家的亲情近了，群众对领导干部、对党的认识就会远了。"

李素芝也想请地方领导为妹妹、妹夫找个收入高、付出低的工作。但他多次见到自治区和拉萨市的领导，却都是想说"关照"开不了口："都是共产党的干部，自己要名节，葆本色，别人也要名节，葆本色。领导干部互相转借权力为自己谋私利的事，对党的形象危害面更大，更不能干。"一周后，他自己花钱请妹妹、妹夫在拉萨吃了顿团圆饭。席间，他拿出自己在高原的工资积蓄，一个妹妹家送一份："请你们理解哥哥，我不能利用院长的权力给你们找工作，你们根据自己的情况，找个工作干干，走自己发展的生活道路吧。"

➜ 勇攀高峰——高原医学科研结硕果

★★★★★

"老李啊，我们在西藏很艰苦，但不能白苦，要苦就要苦出个名堂来，为西藏人民谋点福利！"1993年的一天晚上，时任拉萨市副市长的孔繁森握着李素芝的手，眼里充满期待。第二天，孔繁森离开拉萨赶往阿里就任地委书记。这话，成为孔繁森留给李素芝的高原遗言。李素芝用勇攀高原医学高峰的行动，实践着这一对西藏人民的庄重承诺。

35 年来，李素芝勇攀高原医学高峰，登上了一个个新台地：先后发表学术论文 205 篇，获得国家、军队和西藏自治区科技成果奖 20 项，主持和参与开展 134 项新业务、新技术，其中 16 项新技术、新业务创造了世界高原医学领域的奇迹，32 项成果属国内首创，34 项成果填补了西藏高原医学空白。

实践近万天，读书500部，手术13000余台——
"探索必须走实路"

1986 年，在重庆召开的一次心胸外科专业研讨会上，一位国外医学专家断言："在海拔 3500 米以上的高原地区不能实施体外循环心脏直视手术。"

李素芝决心填补这一高原医学领域的空白。他深知，在高原攀登医学高峰必须走实路，做实实在在的探索工作。

今天，医院政委谭家钊谈起李素芝奋斗的实践，创新的实在，用了三个基本数字："实践了近万天，手术做了 13000 余台，医书读了 500 部。"

为读懂在高原手术治疗先天性心脏病这部无字的医书，李素芝实践了近万个日日夜夜。

妻子郭淑琴记得：在高原医院工作的 13 年间，每天深夜，她都要给李素芝送一次夜餐到实验室。

老主任李舜文记得：李素芝一有空闲，总是要把人体心脏模型拿在手上，有时竟然一看好几个小时。

△ 博士生导师李素芝

16项新技术世界领先，32项新业务国内先进，34项新成果西藏首创——
"生命有禁区探索无禁地"

2000年11月9日下午，西藏军区总医院召开了在高原医学史上具有里程碑意义的术前讨论会。会议决定由李素芝主刀，对4岁的先天性室间隔缺损患者拉巴次仁实施浅低温体外循环心脏不停跳室间隔缺损修补手术。

在高寒缺氧的高原做心脏手术，会导致患者

低心排综合征、严重心律失常、肺功能衰竭、肾功能衰竭等并发症，乃至猝死。手术风险大，难度大，术前讨论会上探讨多，争议大。

"能不能做？要不要做？"

"人体手术本身就是最具生命风险的事业。高原生命有禁区，我们为保障生命的探索应该没有禁地。"李素芝坚定地说："做！如果真的出了意外，我以院长的名义承担。"

会议结束，政委握住李素芝的手说："老李，我相信你这双手，你就放心做吧，我和全院同志们给你做好一切后勤保障。"

11月10日上午8时整，手术如期开始，幸运的拉巴次仁被推进手术室。无影灯如同无数双眼睛，目睹李素芝在海拔3700米的手术室挥下了世界医学史上划时代的一刀……2小时46分零8秒后，手术室的门打开了，西藏高原首例人体浅低温不停跳心脏手术成功啦！国外医学专家的断言，被李素芝一刀划破——

2001年9月，高原地区首例法乐氏四联症根治手术获得成功；

2002年8月，高原地区双瓣置换、单心室矫正、大动脉转位矫正等手术获得成功；

2003年3月，高原地区首例肾移植手术获得成功。

患者拉巴平措用他的生死历程，讲述了李素芝为生命而探索的高原神话。29岁的拉巴平措因患先天性心脏病、法乐氏四联症，到过内地几家医院治疗。医院都因他的左心室发育太小，术后难以脱离心肺机，风险太大而不敢实施手术。

亲属把他背回高原，背进了西藏军区总医院。6月1日，拉巴平措被推上手术台，由李素芝主刀实施法乐氏四联症根治手术。

手术早上 9 时开始，下午 6 时结束。晚上 11 时 10 分，意外情况出现了，拉巴平措的血压突然降低，心包、纵膈引流出血增多，生命体征不稳，经快速输血补液，血压不升。

"你们已经尽了力，我们能接受。"家属说。

"下病危通知单，请家属准备后事。"值班医生说。

"我们必须尽百分之百的努力抢救！"李素芝说，"立即开胸探查。"

"万一病人死在手术台上怎么办？"有人提醒李素芝。

"我是院长，我承担。"每当关键时刻，李素芝都是这句话。

晚上11时40分，拉巴平措再次被推进手术室。

手术切口再次打开。清除血块、严密止血、放置心包、纵膈引流管……

6月2日凌晨2时45分，最后一针缝合，拉巴平措被送进重症监护室。李院长整整两天两夜守在病人身边，密切观察病情变化情况。

奇迹出现了，拉巴平措的血压开始趋于稳定，生命体征平稳，各项监测指标逐渐转为正常。

拉巴平措在李素芝的手术刀下起死回生啦!

"高原康"安康高原军人,《高原病学》治疗高原疾病——
"海拔高创新的标准应该更高"

海拔 4800 米的岗巴,年平均气温 0℃以下,空气含氧量不足内地的 50%。李素芝带领医疗队兵分四路,到各连队开展身体普查、病因调研。

这是李素芝 28 年中,年年都要进行的例行高原病调研工作。他深知,高原疾病对驻藏部队官兵和人民群众的身体健康造成的威胁极大。许多高原疾病的防治至今仍是世界级医学难题。

海拔 4000 米的某高寒山地演练场,寒风呼啸,仿佛要把帐篷拔走。药剂科主任缪仕平躺在地铺上难以入眠。李素芝掀开帐篷的门帘进来了:"老缪,怎么还没睡?"

"今天我们到参加演习的部队巡诊,发现许多官兵的身体很不适应,高原反应强烈。"

缪仕平说:"院长,你还记得吧,每年新兵进藏,由于高山病反应严重,连我们院的妇产科都住满了。"

"参加今天演习的部队官兵,刚到集结地域,就确诊有 3 例脑水肿。"殷作明接过话说。

"演习还没开始,就被高山病放倒,一旦真要打起仗来,怎么办呢?"

刚躺下的李素芝猛然间坐起身说："老缪，高原病的预防课题，就应该由我们来承担。高原的海拔高，就是要求我们创新的标准应该更高。你考虑成立药物研究所，专门研究预防高山病药物这个课题，人由你点将，条件我解决。"

返院三天后，西藏军区总医院药物研究所成立了。

李素芝对点齐的精兵强将说："这个所长我来当，你们尽管放开手脚干！"

研究所的灯光从此彻夜不灭。

为攻克难关，李素芝带着一班人马，翻雪山，涉冰河，跑边防，上哨所，一边对那曲、林芝、山南等不同海拔地区官兵的免疫功能、各种急慢性高山病的发病率及对人体各种器官的损害开展详细调研，一边采集药物标本，做动物实验。

整整一年呕心沥血，李素芝和攻关小组的同事们普遍掉了十多斤肉。

2000 年 6 月，国内 11 名高山病专家来到海拔 4500 米的高原某地，对总医院研制的预防高山病新药"高原康"胶囊，在动物和人群进行临床试验的结果进行鉴定。结果表明："高原康"胶囊防治急性高山病有效率达 98.6% 以上。

随后，研究所又针对官兵高原红细胞增多、

水土不服等病症，陆续研制出"高红冲剂"、"景天止泻胶囊"、"接骨灵"、"花虫胶囊"等一系列预防和治疗高山病的药品。

多年研究高山病的经验使李素芝认识到，对付高山病最有效的办法，预防是基础，治疗是关键。他向院党委建议："今后，医疗队巡诊走到哪里，就必须把高山病的预防与治疗讲到哪里。"

不久，一本集28年实践和继承前人研究高山病智慧的《高原病学》，在李素芝主编下完成，陆续送到官兵和人民群众手中。这是李素芝继《高原心脏病无痛性心肌缺血46例分析》、《高原地区部队医院感染与创伤感染的细菌学研究》近200篇论文之后，在高原医学学术领域取得的又一成果。

➡ 大医至爱——努力提高"三个服务"水平

☆☆☆☆☆

李素芝的言行感动着藏族人民。李素芝说:"我们在西藏艰苦奋斗,根本目的就是在艰苦条件下提高为官兵服务、为西藏人民服务、为战斗力服务的水平和能力。没有高水平的奋斗成果,就没有高质量的服务结果。"

大型画册《雪域天使》记录了一组数据:"历经三代人不懈探索,历时三十多年长期苦战,攻克了高原病这一世界性医学难题,急性高原病救治成功率达近99%,进藏官兵高原病的发病率控制在2%以下。"

国务院2003年《西藏人权状况》白皮书向世界发布了一段文字:"西藏人民的寿命和健康水平有了很大提高。平均寿命已由解放前的 36 岁提高到目前的 65 岁。2002 年与 1965 年相比，拉萨地区藏族青少年平均身高增加 8.9 厘米，平均体重增加 5.5 公斤。"

"雪域 03"军事演习画面展示："总医院抽组的高原野战医疗所，100 张床位当日展开，60 台手术当日进行，400 名伤员当日通过。"

一组组数据，一段段文字，一个个画面，记录和展示了以李素芝为代表的西藏军区总医院的"雪域天使"，高水平为高原官兵、为西藏人民、为高原部队战斗力服务的重要贡献。

李素芝说："我们在西藏艰苦奋斗，根本目的就是在艰苦条件下提高为官兵服务、为西藏人民服务、为战斗力服务的水平和能力。没有高水平的奋斗成果，就没有高质量的服务结果。"

行程20多万公里，巡诊11万人次，年补贴150万元——

"维护生命的承诺要用生命去实践"

那年大年初一，一个拜年电话把李素芝的思绪拉到 17 年前的那个寒冬。

1993 年 12 月 14 日，岗巴营班长张明带着 11 名战士巡逻在雪线，当到达第四个山口时，一场雪崩突然袭来。3 天后，严重冻伤使张明双臂失去全部功能，必须截肢才能保住生命。

时任外科主任的李素芝，含泪为张明做了手术。尽管手术

很成功，但张明面对失去双臂的残酷现实，产生了轻生的念头。

李素芝住进了张明的病房，24 小时守护在他身边，为他测血压、量体温、喂食。李素芝无微不至的关怀使张明重新树立起了生活的信心。

17 年过去了，身残志坚的张明实现了完全自立，移交地方安置后，办起了养殖厂，组建了温暖幸福的小家庭。

从士兵成长起来的李素芝，对士兵有着一份特殊的感情。他深知，士兵是战斗力的基础，爱兵就是爱战斗力。当了院长后，李素芝也经常为了普通一兵加班加点，甚至通宵达旦。

一次，某汽车团9名官兵被烧成重伤，李素芝连续抢救了五天五夜，累得晕倒在病房里。输液前，他还强撑着身体挨个看了一遍。

种下一棵爱之苗，成长一片爱之林。在李素芝的带动和倡导下，各科室相继开设了"爱心病房"，开展了"两个满意"活动，总医院用爱心捧回了全军"为部队服务先进医院"的奖牌。

近年来，李素芝特批用于官兵治疗的超标准药品达一百多万元。

1996年3月，上级任命李素芝担任院长。上任不到一周，他就带着医疗队去了岗巴营。

李素芝和同事们在查果拉哨所山上待了3天。检查结果令人揪心。由于高寒缺氧，饮用的雪水矿物质少，再加上缺乏维生素，岗巴营80%的官兵有指甲凹陷、脱发掉发病症，近20%官兵有心脏、血管和消化系统疾病。查果拉哨长吴鹏的血色素竟高达23.7克，超出内地正常人近10克。三个月前，营部机要参谋李建华回家探亲第三天，突发高原心脏病，病逝在家中。

重重心事加上高山反应，使李素芝彻夜难眠。他索性把三位同伴叫起来，借着牛粪炉子微微的光亮聊了起来。李素芝说："边防官兵把青春和生命都献给了边防。医生的使命是什么？是维护生命。我们要履行好这个使命，有时就必须用生命去实践。"

巡诊2万余人次，手术13000余例，免费1800万元——

"把代表人民根本利益的大文章做新做实"

意莫高于爱民，行莫厚于乐民。

在西藏一些偏远的乡村和农牧区，一些群众对生命、对治病的观念愚昧，有病"求神不信医"。

山南地区扎囊县道班工人卓嘎，患先天性风湿性心脏病多年，饱受病痛折磨。她每天都在心里祈求菩萨保佑自己，可病情还是一天天加重。

李素芝带医疗队巡诊时，发现卓嘎病得很重。好说歹说把卓嘎接到了拉萨。经过李素芝主刀手术治疗，换了二尖瓣膜，卓嘎的生命被李素芝从死神那里抢了回来。

西藏军区总医院在短短三年中，仅心脏病手术，就免除贫困患者医疗费1800多万元。

与"心脏工程"一起启动的，还有"复明工程"：采用先进的超声乳化法，使上万名白内障患者重见了光明；为驻地娘热乡困难户、寺庙及偏远地区的农牧民发放《免费医疗证》7500多个，一证保终身。

西藏偏远农牧区医疗骨干少，李素芝提议主动义务承担了西藏医学高等专科学校、西藏大学医学院等单位的临床教学和实习指导任务。据不完全统计，李素芝担任院长以来，总医院已为西藏各地免费培训不同层次的医疗骨干530余名。

1998年5月，色拉寺住持江白被一场重病放倒了。进寺庙巡诊的李素芝，把昏迷的江白送进了总医院。苏醒后的江白，看到李素芝为他忙碌的身影。从不信医生的江白，有这次亲身经历后悟透了：共产党、解放军是真心诚意的，总医院是为西藏人民造福的。江白对僧众们说："我们帮不上什么忙，就天天为'金珠玛米'许三个宏愿吧：

一愿共产党为国为民万世流芳！

二愿伟大祖国繁荣昌盛！

三愿藏汉民族团结坚如磐石！"

100张床位当日展开，60台手术当日完成，400名伤员当日通过——

"军队医院的最高目标是保障打赢明天的战争"

春节刚过，一位首长到总医院检查工作，提出要检查医院的战备落实情况，一不看纸上的预案，二不听口头汇报。"到5公里外的指定地域实施野战救护！"首长留下话先走了。

连随行的机关人员也没想到，年还没过完，首长会突然来这一招，都替李素芝暗暗捏了一把汗。

当李素芝把队伍带到首长面前时，首长一看表："不错。比要求时间提前两分钟，人员一个不少，装备一件不漏。"

首长满意地把手伸向了李素芝："你这个专业技术少将的头脑里有战争！"

李素芝接任院长后，思考得最多的就是如何更好地为保障部队战斗力服务，处理好谋市场与谋战场的关系，真正把"谋打赢"摆在首要位置。他与院党委一班人形成共识："军队医院永远应该姓'军'，我们的最高目标就是打赢明天的战争。"

为使全院人员牢固树立使命意识，一旦"有事"，"上得去，展得开，救得下，治得好"，他建议院党委用政策把全院导向"战场"——

医务人员评功评奖、职务提升，科研人员申报专项经费、公派深造，要与本人的军事理论、技能和素质挂钩；

每季度进行一次卫勤保障综合演练，用战争的要求谋划演练，用战场的残酷落实演练，用战斗力标准检验演练；

用"保打赢"的标准培养使用人才，"谁谋打赢就培养谁，就任用谁"；

着眼保障明天的信息化战争，加大医院信息化建设力度，提高为信息化战争的服务水平和保障能力；

组建野战救护所，常设应急小分队，随时处于战斗准备状态，瞄准"保打赢"开展新技术新业务。

2000年初冬，海拔4500米的念青唐古拉腹地，白雪飘飘。一场以实战为背景的演练，考验着总医院，考验着李素芝。

红蓝双方剑拔弩张，"战争"一触即发。李素芝率领的野战医院负责"红方"的保健、巡诊、卫生防疫、伤病员的护送和诊治。

李素芝建议院党委"假戏真做"：把野战医院的配置位置向前推进，做到"十米不见人，百米不见车"；针对西藏地形复杂、距后方医院较远的实际，对一线救护所护送的伤病员实施确定性专科治疗，按实战标准处置高原战伤。

4天后，一场高技术条件下的"战争"，在高寒山地打响。为检验野战医院反敌特袭扰、反恐怖袭扰和防空袭的能力，导调部在医院作业区域和前接后送地段增设了抗袭扰科目。李素芝指挥野战医院应对自如，"蓝军"袭击野战医院的企图，被李素芝指挥下的野战医院一一化解。

演练结束，上级首长对李素芝创造的几个"意料之外"给予充分肯定：

敢于把战役后方医院配置在战术后方区，使伤病员能在战术后方得到及时治疗，大大提高了野战救治的成功率和归队率，减少了死亡率、伤残率和后送率；

敢于摈弃传统的战伤救治原则，通过对高原火器伤病理学、细菌学以及高原战伤特点、输血指征等"实战"研究，为高原战创伤的救治提供了科学依据；

敢于提出卫勤保障新模式，实行两头大、中间小的"哑铃形"跨越式卫勤保障新方法。

励精图治——努力打造高原医学人才方阵

★★★★★

李素芝站在地球之巅，以一位将军院长的眼光和胆识，用奋斗思想、政策制度、课题研究和人格魅力，努力打造高原医学人才方阵，取得显著成绩。

从普通军医成长为将军院长，李素芝对艰苦奋斗意义的理解是深刻的："领导干部在西藏艰苦奋斗，就是要带动身边的同志一起去奋斗，去创造，带出一支勇于牺牲、勇于奉献、勇于奋斗的队伍，高标准地干好党的事业。"

昔日考上一个走一个，如今毕业一个回来一个——
"无私奉献是最强大的人才磁场"

李素芝接任院长时，总医院只有1名硕士研究生，临床一线医生具有本科学历的仅占61%。正为人才学历层次而发愁的他，接到上级机关一个"领人通知"："你院考上内地院校的硕士研究生，考上一个走一个，有27人至今无故不归……必须一个不少地把他们找回来。"

"找人队伍"紧急抽组。跑了十多个省市，用时60多天，用尽各种办法，才将27名硕士"请"回高原。

人能找回，心难找回。上级工作组来了，逐个问话："为什么违反规定，擅自不归队？"27人一个回话："西藏生活条件艰苦，工作条件落后，发展条件受限。"再问："你们李院长在西藏无私奉献了20年，不是发展成了院长了吗？"再答："时代不同了，老的讲奉献，新的讲发展。"

一问一答，一天一课，人全部留下了，话全部刻在了李素芝心上："艰苦奋斗和无私奉献，是共产党和人民军队的看家本钱，也应该是军队人才的基本素质。人才队伍建设的基础工程，就是要夯实人才艰苦奋斗的思想基础，让无私奉献成为高原最具吸引力的人才磁场。"

院党委一班人同意李素芝的"高原人才观"。新一任班子制订的第一个建设规划，就是《培养高原高素质医学人才，建

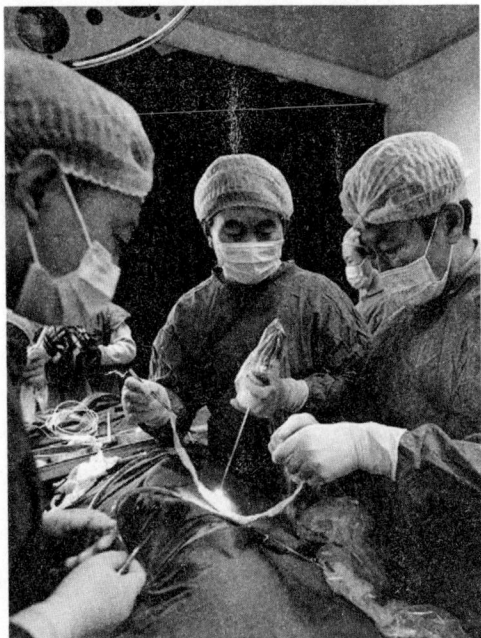

△ 李素芝在做西藏首例高难度颅底肿瘤手术

设高原一流医学人才方阵》："用无私奉献精神塑造人，用好政策好环境吸引人，用大课题大舞台激励人……"

　　一部《雪域天使》成为院党委从思想上打造人才队伍的基本教材。一帧帧泛黄发白的历史图片，记录的是第一代创业者艰苦奋斗的历史。200名官兵靠人背马驮将近百吨医疗物资从千里之外运上高原，在乱石滩上搭建起"帐篷医院"。一段段用青春和生命写就的文字，将代代"雪域天使"半个世纪的业绩浓缩为"无私奉献"四个金字，镌刻在地球之巅。

院党委的意图很清楚：高原医学人才队伍建设，需要硕士、博士的高学历，更需要军人无私奉献的高素质。从此，无私奉献教育作为总医院人才队伍思想政治建设的基本教育，年年抓，月月搞，天天讲。

1998年9月，李素芝代表总医院与第三军医大学签订了一份协议：在西藏建立1个博士研究生培养点、4个硕士研究生培养点，三医大聘请李素芝为本校博士、硕士研究生导师。这份突出艰苦奋斗、无私奉献精神的人才培养协议，拉开了总医院培养高学历、高素质人才的新序幕。

年轻医师易映红有幸成为首批培养对象。易映红报考研究生，郑重填写了志愿："我报考李素芝院长的心外科硕士研究生，就是报考无私奉献这个高原医学的特殊专业，愿意像李院长那样为此奋斗终生。"

三年高原心外医学专业知识求索，千日导师无私奉献精神培育，易映红成为高原首个自培硕士研究生。2001年6月，来自国家和军队的心外科专家走上高原，参加李素芝在高原培养的第一个医学硕士研究生的硕士学位论文答辩会。专家的评审意见和媒体的报道主题，都聚焦在高原人才的"第一素质"上：自愿献身高原医学事业。

那年8月，一位患尿毒症的藏北牧民到总医院就诊。由于总医院肾移植手术人才和设备条件限制，这位患者带着遗憾离开了医院，离开了人世。

"一定要在高原开展肾移植手术，为高原人民减轻病痛。"这是李素芝多年的愿望，他建议医院派出年轻医师李少勇到内地医院学习深造。2003 年 3 月 28 日，在国内著名泌尿外科专家张银甫的指导下，由李素芝主刀、李少勇助刀的世界首例高原肾移植手术获得成功。如今，李少勇已经成为总医院该专业学科带头人。

　　8 年来，李素芝建议院党委先后选送的 41 名年轻医师到内地攻读硕士、博士学位，已毕业的高学历人才，一个不少全部回到高原。

　　30万元留住一个人才，134个课题成就百名人才——
　　"你有多大本事，我们搭建多高舞台"

　　"人留人不如戏留人，人捧人不如戏捧人。你有多大本事，我们院党委为你搭建多高舞台。"在人才培养上，李素芝经常用这句"梨园术语"，激励立志成为高原医学人才的年轻人。

　　从 1998 年开始，总医院在李素芝的倡导下，设立了"高原医学课题研究基金"。明确规定："本院在职、在读医护人员提出的医疗科研课题，经院科委会论证确定后，由医院提供科研经费开展基础性研究，待课题基本定型后申报西藏、军队直到国家课题研究立项。"李素芝对课题提出者的要求就一条：西藏临床需要，高原战场需要。

干部病房主任张明森攻读硕士研究生学位前，已是某部中心医院小有名气的结核病专家，读研时又参与了国家"九五"课题"生物性人工肝"的研究工作，还未毕业就有多家医院许以重金聘用。

李素芝亲自出面邀请张明森上高原创业。年龄上的代差，并不影响他俩心与心的坦诚碰撞。

"高原医学事业，讲条件有限，讲发展无限。你提出的条件，只要医院能办到，我们都会满足你。"李素芝说得很真诚。

"发展是我最需要的条件。我的唯一的条件就是有一个细胞培养研究实验室。"张明森回答得很直率。

李素芝与张明森一谈即合。一个迫切希望得到难得的发展人才，一个热切盼望具有潜力的发展舞台。张明森向医院提出建立高原细胞培养研究实验室，预算经费为30万元。细胞培养研究确为高原急需，30万元也确使医院为难。李素芝说，为了留住这个专业人才，为了总医院的发展，就是砸锅卖铁也要为张明森建个一流的实验室，搭个发展的好舞台。

30万元当月挤出，高原首家细胞培养研究实验室当年建成。张明森带领科研人员日夜奋战，于1999年1月成功进行了国内高原第一例肝细胞体外培养实验，并发现了在高原环境条件下进行体外细胞培养的气象条件差异，完成了《高原体外生物人工肝构建的研究》等开创性科研成果，成为高原体外细胞培养研究领域的学科带头人。

年轻的骨科医师殷作明，是李素芝课题打造人才队伍思想的"第一受益者"。1998 年 7 月，殷作明获三医大医学硕士学位回到高原。读研期间，殷作明发表学术论文 30 余篇。

殷作明学成回到高原，李素芝在欢迎他的座谈会上说："高原战创伤这个研究课题，在医院还是空白，医院党委决定，这个大课题就交给你了。"殷作明不负重托，在不到三年的时间里，高质量地完成了高原战创伤基础研究，并参与完成了全军"十五"规划确定的一项指令性课题和军区的一项基金课题，先后获得军队科技进步二等奖 1 项、西藏自治区科技进步奖 3 项，参加编写出《高原战创伤基础与临床》等 4 部专著，并成功举办了高原创伤骨科研讨会。年仅 33 岁的殷作明，很快成为高原骨科专家。

李素芝和院党委成功地起用了一个人才，创造性地开展一门学科，又极力举荐殷作明走上科主任领导岗位。

一套住房温暖事业心，一部电话激励奋斗志——
"靠政策留人，靠政策养人"

这是李素芝接任院长当年，建议以院党委的名义出台的一个"小政策"：完成硕士研究生以上学业者，获得副主任医师以上专业技术职称者，无论职务高低、军龄长短，同院领导一样享受一套住房、宿舍一部电话、中灶就餐待遇。

这是李素芝任院长 8 年在党委领导下，干成的一件大事情：先后投资 4200 多万元，新建门诊大楼、医技大楼、宿舍大楼等，达 1.2 万平方米。

小政策，大事情，作用就一个：靠政策打造高原医学人才队伍，拴心留人。用李素芝的话说，就是："我军和平进军西藏当年，小平同志就说过一句话，'进军西藏，靠政策走路，靠政策吃饭'。我们今天在困难多、条件差的西藏建设高原医学人才队伍，就是要按照小平同志的话去做，靠政策留住人才，靠政策培养人才。"

那年 8 月，李素芝在军校大学生毕业分配前，赶到第三军医大学"招兵买马"。他对获得医学硕士学位的黄承良说："高原急需你所学专业的研究人才，你到高原创业，大有发展前途。"院长的真诚，事业的吸引，让黄承良心动："听说你们医院住房紧张？"李素芝听出了黄硕士的话外之音："住房是紧张，但是，再紧也不会紧你们，有我院长住的，就有你住的，待遇同等。"

李素芝前脚回西藏，黄承良后脚就跟进上高原。

一天也没有在高原干过的黄承良，进院当天就分配到一套新住房，医院有老同志找到院领导"讨说法"。李素芝说："靠政策用人，不是用人才的昨天，而是用人才的明天。"黄承良埋头苦干三年，将总医院神经外科医疗科研水平提高了一个层次，医院又打破常规，聘任他为最年轻的副主任医师，并破格提升他为神经外科副主任。

培养高学历、高素质人才，靠政策培养是最根本的培养。院党委靠政策成功留用黄承良的事实，陆续将5个硕士研究生引上高原，引进医院。

近年，在上有高原工资大政策、院有高原发展小政策的激励下，自愿上高原到总医院工作的高学历干部越来越多。李素芝喜在眉头，忧在心头：这些干部很年轻，长期夫妻两地分居，留得住身，也难留得住心。他建议院党委特事特办，创造条件使干部夫妻在高原安家团聚。任院长8年来，李素芝多方协调努力，先后解决了31对夫妻高原安家、就业难题。

新千年第一春，李素芝安排硕士医师陈彬到成都军医昆明总医院进修。有人提醒他说："陈彬的妻子就在昆明总医院当护士，你就不怕人家挖走他？"李素芝闻言笑笑："'欲擒'还需'故纵'

世界屋脊的生命守望者

嘛。"

果然，陈彬一到昆明总医院，指导他进修的科主任就对他说："你要是愿意下高原到昆明工作，调动的事由我们院办。"陈彬和妻子李丽做梦都想有个团圆的家。他问妻子："是你出春城，还是我下高原？"妻子说："两个总医院都好，谁能调得动我们，我们的家就安在谁那里。"

陈彬夫妇知道，无论"调夫进昆明，还是调妻到西藏"，不是哪个人说句话就可以办到的。陈彬进修期满已是次年春节，他带着妻子回到大雪纷飞的西藏。"新年好！"大年初一，李素芝给陈彬夫妻送来新年第一声祝福，"我代表院党委欢迎李丽同志到高原总医院工作，欢迎你们上高原安家落户！"

原来，在陈彬进修的一年中，李素芝多次代表院党委向上级建议，为长期留住陈彬这个高原医学研究的难得人才，将李丽调上高原工作。上级机关同时也接到了昆明总医院商调陈彬的报告，经过慎重研究，为了高原医疗事业，决定将李丽调进西藏。

家安业立。陈彬夫妇终于在高原团圆了，这极大地激发了夫妻俩在地球之巅创业的热情。如今，陈彬已当上心脏内分泌科主任，李丽也被提升为胸外科护士长。

13项成果甘愿让位后生，11名弟子敢于超越老师——
"我请你们踩着我的肩膀上"

这一幕发生在四年前的一天早晨。李素芝军容严整地等候在医院高职楼的入口处，他来为高山病科博士医师李先茂送行。李先茂是高原培养出来的博士，由于种种原因，今天要告别高原到内地一家医院工作。

寒风凛冽。李先茂步履如铅，走出房门，走出楼道。当他看到伫立在寒风中的李素芝时，再也抑制不住后悔的泪水，扔掉手中的行李，坚定地吐出六个字："院长，我不走了!"两只同是握手术刀的手，紧紧地握在一起。

李先茂为什么不走了? 他说："是李院长宽阔的胸怀留住了我。"那年，李先茂回内地休假时，一家私立医院看中了他。院方许以34万元年薪、一套高级住宅、一部专车的条件要聘用他。这对夫妻两地分居、家庭经济困难的李先茂来说，的确是极大的诱惑。他先后三次向组织递交了转业报告。

"他这是见利忘义! 绝不能放他走。"医院众口一词。

"学历再高的人才也是人，先茂有先茂的难处。我们拴得住他的身，强留不住他的心。再说，他也符合转业的条件。"李素芝建议院党委同意他的请求，要求全院同志善待李先茂。

李先茂不走了，李素芝却要为此接受上级机关批评，请求机关收回转业的成命。他竭力举荐李先茂到第一军医大学完成博士后学业。

这件事是李素芝用宽阔的胸怀打造高原医学人才队伍的一个缩影。

肝胆外科医师刘厚东业务精湛，但只要导师在场，说话、办事总要用敬畏的眼光望着李素芝。李素芝察觉后，多次同他亲切恳谈："我也是人，不是神。你对我最本质的尊重，就是大胆地超越我。"为了让刘厚东去见更大的世面，增强超越导师的自信心，李素芝亲自出面为他申请名额，先后派他到三医大、昆明总医院进修。

据统计，李素芝任院长 8 年间，共领导和主研并获得医疗科技成果奖 20 项。其中，在 13 项重要成果研制人排名时，他都坚持将自己的名字从第一名划到后面，甘愿让位给年轻人。

一次术前病例讨论时，李素芝就病人患有肺动脉高压提醒学生说："术后要防止肺动脉高压危象。肺动脉高压在高原发病率高，你们要好好从学术上总结这一临床治疗成果。"

经李素芝确立课题、指导实践、修改论文，易映红等写出了《高原先天性心脏病术后肺动脉高压危象的救治》一文。论文在《中华临床医药杂志》发表前，学生们出于对事实和导师的尊重，将李素芝的名字署在最前面。李素芝终审论文时，用红笔将自己的名字勾到了最后："学生要敢于超越老师，不能让老师的影子挡住了你们自身。"

铸造辉煌——高标准建设高原一流医院

★★★★★

有人说，西藏军区总医院的奋斗史，就是西藏医疗事业的发展史。李素芝说，发展是奋斗的目标，思路是奋斗的路标。奋斗的思路有多新，发展的道理才会有多硬。

李素芝说，哈达就是民心，锦旗就是标准。在西藏艰苦奋斗，就是要在"不能"的情况下，敢于作为，善于作为。奋斗的理念决定奋斗的态度，奋斗的思路决定奋斗的出路。

2004年"八一"前夕，一面书有"一流医院，赐我重生"的锦旗，从西藏扎囊县送到西藏军区总医院院长李素芝手中。送旗人叫坚增欧珠，半年前，总医院为其成功实施了活体肾移植手术。

2月2日，西藏多家新闻媒体同时宣布："2月1日上午，西藏首例活体供肾肾移植手术在西藏军区总医院获得成功，标志着在高寒缺氧环境下人体器官移植技术迈上了一个新台阶。"

高原的人们已记不清，这是第几次从西藏军区总医院传出这样令人欢欣鼓舞的消息；总医院官兵也记不清，已有多少人送过类似的锦旗。

面面锦旗，条条哈达，是对以李素芝为代表的生命使者的最高奖赏。

新建楼房1.2万平方米，植树8万余株，种草6万余平方米——
"在奋斗中把苦吃出甜味来"

"雪山映绿营，花香树成荫，天使住天堂，入院如回家。"这是西藏军区总医院今日新貌的写照。

"干打垒，杂草生，尘土扬，垃圾臭。"官兵们顺口溜出的词，形象地道出总医院昔日旧颜。

李素芝上任不久，收到一封干部职工联名写的信，要求治理营区脏、乱、差，把医院建成能拴心留人的家园。他在信上郑重加上自己的名字，转交给院党委。

有人认为，种树、修路、建房都是需要钱的事，也都是得靠上级解决的事。条件苦一些，几十年都忍过来了，总医院这块牌子不是一样很响吗？

△ 李素芝在拉萨

李素芝这样说服大家，也说服自己："艰苦奋斗的核心是奋斗。在奋斗中把苦吃出甜味来，吃苦才吃得有价值。"

李素芝发动全院官兵献计献策，收集了上百条重建总医院的合理化建议。建改规划图设计出来后，资金难题也随之而来：需要完成大小工程四十多项，重建家园工程造价大大超出上级建设拨款。医院这些年对外医疗创收的经费，几乎都补贴给了民族医疗和部队医疗，可用于营建的补贴经费几乎为零。

李素芝和院党委一班人认准一个理：只要精神不滑坡，办法总比困难多。资金的缺口用艰苦奋斗的精神来弥补，长远规划分步实施，发动全院官兵自己动手打造一流营盘。

医院大门通往生活区、病区的几条主干道，加起有 5 公里。有人建议将这个"脸面工程"承包给专业施工队。李素芝一算账，需要近百万元。他说："还是我们自己干吧。"整整一个夏天，在兄弟单位支持下，李素芝带着官兵自己动手挖路基、筛沙子、捡碎石、铺路面，只请了几名技术人员作指导，只花了不到 40 万元，完成了"脸面工程"。

一年一变样，八年大变样。西藏军区总医院的新景观，就这样一个个地"冒"了出来：5 幢宿舍楼、医技大楼、门诊部、动物实验室、各类仓库、幼儿园，共 12000 多平方米；改扩建道路 11826 平方米；栽种树木 8 万余株，植草地 6 万余平方米，营院绿化面积达 76%。2001 年，医院被评为"全军环保先进单位"、"园林式营院"，2002 年被评为全军"文明卫生军营"。

总医院的苦日子开始变甜了，李素芝又把眼光投向医护工作的"第一线"，患者就医的"第一线"。

安装空调算一件。西藏地区室内外温差大，冬春很冷，在他看来，变苦为甜的事，有条件要做，没有条件创造条件也要做。如今，重要房屋、办公室都安上了空调。

装修"家庭病房"也算一件。总医院如今的"家庭病房"里，有炊具、彩电、卫生间，推出来后，深受患者青睐，医院增收。

平均每天工作10小时，每周主刀3台手术，每季度巡诊或调研1次——
　　"奋斗的新思路就在实干的实践中"

　　前些年，医院大搞营院建设，有人提议把大门拆了重修，新院长得建个新门面。

　　李素芝不表态。他认为，奋斗的思路对不对，关键得看方向正不正。为领导者个人树门面的政绩工程，思路越新，危害越大。多干让官兵受益、老百姓受益的实事，方向才正，思路才对。

　　他提出把建大门的钱用来建一所幼儿园。这尽管不是社会化保障的新思路，但符合总医院的实际。

　　随着医院的发展，高学历人才增多，双军人家庭增多，提高幼儿教育的呼声增大。修建幼儿园期间，李素芝戴顶草帽，天天都要上工地看看，孩子们知道是在修建幼儿园，见到他"爷爷"叫得特别的亲切。而医院大门直到三年后因拉萨市政建设规划用地拆迁时，才顺势得以重修。

　　李素芝在治理医院"硬环境"的同时，对"软环境"的治理更是真抓实干。他说，一流的医院要有一流的管理、一流的作风，才能达到一流的服务，才配称真正的"一流"。

一次，一名医生私自将一位地方患者带到医院，利用职务之便为其做了体检。李素芝知道后，责成这位医生掏了腰包，并在军人大会上通报批评。

李素芝的底气来自自己的模范作用。他是一个自身事事干净、实干处处带头的好院长。李素芝任院长 8 年，平均每天 2 次查房，工作时间达 10 小时，每周坚持做 3 台手术，每季度下部队巡诊或调研 1 次。所以，他说得起硬话，做得出硬事。

有一年，一名护士因违规操作损坏一台离心机。把医疗设备当心肝的李素芝知道后非常心疼，坚持按规定让这名护士赔偿了 6000 多元的维修费。

干实事的工作状态，源于实干的思想状态。李素芝上任干过的一件事，至今在医院传为佳话。这件事其实很平常，翻仓倒库将医院废旧医疗设备器材彻底大清理。这件事的效益却很丰厚，一台价值 240 万元的中央监护器，仅花费 2000 元就恢复了运转，一台价值 18 万元的手术显微镜，仅用了 200 多元就修复了，一台价值 8 万元的 X 光机，没花一分钱就被修复用于临床……10 余台价值 500 多万元已经成"废品"的器材，被李素芝重新"请"回了工作岗位。

增设12个临床科室，医疗设备总资产由600万元增值到上亿元——

"奋斗的思路新，发展的道理才会硬"

有人说，西藏军区总医院的奋斗史，就是西藏医疗事业的发展史。李素芝说，发展是奋斗的目标，思路是奋斗的路标。奋斗的思路有多新，发展的道理才会有多硬。

李素芝接任院长时，总医院的高原医学领跑者角色，受到高原刚刚发育的市场医疗机制挑战：地方医院在全国支援下迅速发展，私人医院、股份制医院、个人诊所在西藏陆续开张。

李素芝勇敢地拿起了医院改革的"手术刀"："西藏医疗的'龙头老大'不紧跟时代发展，确立与时俱进的发展思路，迟早会被发展淘汰。"

军队医院改革和发展的思路怎么确定？李素芝邀请专家、领导和群众，分析医院科室设置、设备投入、发展状态，为改革发展号诊把脉。

"科室不全，难以适应现代医学发展需要；设备老化，不能满足业务需要；开展新技术、新业务的步子迈得不快；保障机构臃肿……"制约医院发展的问题，一个个抖了出来。

院党委采纳李素芝的建议，在总医院改革上，连续做了5个大"手术"。

调整临床科室设置。增设了泌尿外科、胸心外科、烧伤整形科、小儿科、信息科、保健科等12个科室(中心)，大大扩展了总医院的职能，提高了专科服务的水平。

全面更新医疗设备。两年前，院党委说服全院官兵过好紧日子，挤出巨额经费，购回西藏首台 MRI(核磁共振仪)。如今，总医院各类医疗设备总台数达 958 台，总价值 4000 多万元，有效地提升了医院的医疗水平。

开展新技术、新业务。院党委鼓励和扶持医务人员立足现有条件，大力开展新业务、新技术。近年来，全院开展了体外循环、介入治疗、器官移植等 94 项新技术、新业务，其中半数以上成果在西藏领先，有力推动了高原医学的发展。

实行后勤保障社会化。他们首次把拉萨市一家快餐店引进医院，食堂交给社会办，医院提供场地收租金。随后，陆续将军人服务社、洗衣班、洗澡堂、幼儿园等服务单位，实行社会化保障，总医院率先成为西藏军区第一家全面推行生活保障社会化的军事单位。

加快信息化建设步伐。西藏交通不便，信息闭塞。李素芝建议院党委走信息大道这条"看不见的小路"。自筹资金 400 多万元，建起院"I、II号工程"——局域网，使全院联成一个整体，资源共享，信息共享；建起了西藏首家远程诊疗系统，遇到疑难杂症，可实时与北京、上海等地的大医院同步诊治，大大提升了高原医院的医疗水平。

李素芝的心愿，把远程诊疗系统延伸到西藏各驻军医院、师团卫生队，实时为边防官兵提供医疗服务。现在也正在成为现实。

感动中国

李素芝事迹享誉大江南北

☆☆☆☆☆

在北京金碧辉煌的人民大会堂报告厅，由中共中央宣传部、中华人民共和国卫生部、中国人民解放军总政治部、西藏自治区党委共同组织举办的"敬业奉献好军医李素芝"先进事迹报告大会隆重举行。李素芝扎根高原、无私奉献的事迹，从世界屋脊传遍祖国的大江南北，感动着整个中国……

敬业奉献好军医、西藏军区总医院院长李素芝扎根高原、无私奉献的事迹，从世界屋脊传遍祖国的大江南北，感动着整个中国。由中宣部、卫生部、总政治部和西藏自治区党委组织的李素芝先进事迹报告团一行13人，历时30天，先后在拉萨、成都、北京、呼和

△ 军人的感动

浩特、上海、乌鲁木齐等地巡回报告 9 场，直接听众 27000 余人，通过影视和网络传媒了解其事迹的群众数以亿计。

鲜花、掌声、泪水，表达着人们对一位高原军医的感佩之情。台上、台下，场内、场外，人们都在深深地思考这样一个问题：李素芝的事迹为什么能使那么多人动容，在他身上究竟体现了什么样的时代价值观？

为人民服务的价值观永不过时

11月19日，报告团一行乘飞机进京宣讲。尽管李素芝一身便装，同机旅客还是认出了他，人们小声议论："这是个好人！"空中小姐代表航空公司员工和乘客为李素芝献上一束鲜花。

11月21日晚，李素芝和妻子郭淑琴应邀做客中央人民广播电台直播间。郑州一名女士收听到李素芝为了西藏军民牺牲个人幸福的事迹后发来信息说："李院长，我也是一名西藏军人的妻子，您的事迹感动着我和我的家人。感谢您为西藏人民和西藏军人所做的一切。我代表全家向您致敬！"

就在这天下午，河北邢台一位叫杨通的中学教师，一步三问地赶到报告团下榻的民族饭店，给李素芝献上一篮鲜花。杨老师拉着李素芝的手说："看了您的事迹报道后，我有三个愿望：一是想跟您合个影，二是想和您交流一下思想，三是想把您的事迹带回课堂。几个月前，我的学生曾和我为'市场经济条件下还需不需要无私奉献'抬过杠，今天我从您身上找到了最有说服力的答案。"

11月24日下午，北京大学、中国协和医科大学等11所高校的1000余名学生代表聚集首都医科大学，聆听李素芝先进事迹报告。北大学生韩天相说，李素芝真心实意为人民群众服务的思想，把人民群众的生命看得高于一切的职业风范，十分值得我们当代大学生学习。北京职业学院学生丁皖说，我和很多同

△ 首都医科大学学生含着热泪在听李素芝的报告

学都是流着泪听完报告的。从李素芝身上，我理解了什么是真正的共产党员，什么叫为人民服务。毕业后，我也要像他当年那样，积极申请到祖国最需要的地方去奉献自己的智慧和青春。

上海一位老大妈听完报告后紧握着李素芝的手说："您是真正的共产党员，我们党的好干部。我这个老阿婆一定向您学习！"她感叹道："是解放军捍卫了和平，是共产党让人民过上了好日子，是李素芝这样的好党员、好干部在为人民奉献。"

报告团抵达北京的当天下午，李素芝应邀到新华网和全球 6000 多名网民进行网上对话。一位留美博士给李素芝发来邮件说："美国有很多医院和科研单位高薪聘请我，但您身上表现出来的时代精神感动了我，毕业后，我决定回来，像您那样到祖国最需要的地方去建功立业。"一位姓李的网友说："李素芝能取得这样的成绩，西藏以及周边青海、甘肃、宁夏等地患者慕名而来，与他心中一直装着群众分不开。"

中央军委副主席徐才厚在会见报告团成员时高度评价说，李素芝28年来所做的一切，真实地诠释了"权为民所用，情为民所系，利为民所谋"。

谁为人民做了好事，人民就会永远记住他。李素芝的事迹之所以在全国广大人民群众中引起如此强烈的反响，说明为人民服务的价值观没有过时，它始终是我们这个伟大时代的主流意识，是广大人民群众发自肺腑的热切期盼。那么多大学生表示向他学习，就预示着这一永恒的价值观将会被新一代传承。

真诚无私的情感最动人心弦

李素芝先进事迹感人至深。每场报告下来，听众为之动情流泪者不计其数。这不是同情弱者的泪水，而是被真诚感动流下的热泪。28年风雪高原，李素芝的声音变得沙哑低沉，但听众从他那朴实无华的言语中，仍清晰地听到了一颗赤诚之心的律动。

"李素芝的先进事迹不需要华丽的词藻，随便讲出来就能打动人。因为他是那么真实、那么朴实。"西藏军区政治部副主任杨双举说，他已不知多少次为这种真情感动流泪。每一场报告，他都心潮澎湃，忍不住想哭。他说，李素芝身上表现出来的率真和热情，足以让每个接近他的人变得高尚。

"我们为李素芝的作为感动得流泪。"这是很多群众在听完报告后的共同感受。新疆军区总医院副政委徐玉泉是条硬汉子，妻子说他是"铁石心肠"，一生只流过两次泪，一次是为孔繁森，一次是为李素芝。因为同在青藏高原工作，有着相同的经历，他最能理解李素芝奋斗的价值和作出的牺牲。

感人心者，莫先乎情。上海市委副书记殷一

▽ 同行的感动

璀主持报告时哽咽着说："李素芝在艰苦奋斗中追求卓越的动人事迹，尽情演绎了共产党员的先进性，充分展示了当代共产党人的高尚情操，使我们的心灵深受震撼、深受教育、深受鼓舞。"她从座位上站起来号召全市人民向李素芝学习，坚定共产主义理想信念，树立正确的人生观、世界观和价值观，在加快上海建设社会主义现代化国际化大都市进程中做出应有贡献。

报告团在全军医疗水平最高的 301 医院为广大医务工作者作报告，起初医院有人不以为然。可报告中，很多人都热泪盈眶，他们为李素芝真诚服务西藏军民的精神所感动。一位老教授说，论医疗设备、人才技术，这里都是一流的，但论服务态度和负责精神，我们应该向李素芝学习，他给我们补上了一堂职业道德课。

医生是个崇高的职业，李素芝深爱着高原医学事业。11 月 21 日晚 7 点，中央人民广播电台直播李素芝访谈。主持人问："有人叫您将军，也有人叫您院长，您更喜欢哪种称呼？""我更希望大家叫我医生。我是以医生的身份为人民服务的，任何时候我都不会忘记自己作为一名医生所肩负的神圣职责。"这朴实亲切的心里话，没有半点修饰和造作，就像尽情绽放在阳光下圣洁的雪莲，坦荡得让人肃然起敬。

真诚是力量的源泉，是来自生命的本质情感，因而最能打动人。李素芝把真诚献给了人民，人民把尊重还给了他。

△ 中华医学会党组书记吴明江在李素芝先进事迹座谈会上讲话

执著追求才能永葆党员本色

中宣部部长刘云山在会见报告团成员时说，一个共产党员，不仅要忠于党、忠于人民，还要把这种忠诚变成实际行动；不仅要有崇高的理想信念，还要将这种理想和信念持之以恒、一以贯之地坚持下去；不仅要有牺牲奉献的精神，还要有做好工作的本领。

30天，李素芝的面前摆满了鲜花。但他清醒地意识到，成绩属于过去，只有与时俱进、再接再厉，才能永葆共产党员的先进性。因此，每到一地，他都注重向当地英模学习，向人民群众学习。在北京，他和"航天英雄"杨利伟倾心交谈，用"老西藏精神"和"航天精神"互勉；在内蒙古，他和报告团成员座谈学习"党的好干部"牛玉儒和"我党我军宗旨的模范实践者"李国安等英模人物的先进事迹体会；在新疆，他与大家一起认真学习了神仙湾哨所、三十里营房和"人民的好医生"吴登云等先进典型。

11月29日上午，李素芝回到了母校上海第二军医大学，与师生、同学畅谈人生。曾与李素芝同在一个中队的邹奎握着他的手感慨万千地说，毕业多年，你走得最远，为党和人民奉献得最多。作为同学，我们都为你感到骄傲和自豪。李素芝当年的老师、上海长海医院心胸外科主任张宝仁教授语重心长地勉励他说："素芝啊，你为党和人民争了光，也为学校和老师争了光，老师十分欣慰。以后的人生路，要继续走好啊！"李素芝替老师整理好翻卷着的一只衣领角，然后敬了一个庄重的军礼："请老师放心，我一定珍惜荣誉，不断加强思想改造，提高能力素质，用实际行动回报党和人民的信任，回报学校和老师的培育之恩。"

从繁华的南京路到恢弘的长安街，从雪域高原到内蒙古大草原，报告团成员一路春风一路歌，一路走来一路学，开了眼界，长了见识，更加坚定了为人民服务、为人民奉献的理想信念。在上海大剧院，李素芝拉着报告团成员在"零公里"标志处合影，他认真地说："荣誉只属于过去，今天，我们从这里起程，迈向新的目标。每天都从零开始，兢兢业业做好今天的工作，才能

△ 李素芝在新华网与网民互动交流

赢得明天！"

　　凑巧的是，几天后，李素芝又在新疆的苏公塔下看到一个圆形标志。这就是著名的"零海拔"。他绕着圆弧线走了几圈，边走边自言自语：是啊，零海拔，青藏高原就是以此为基准，一米一米垒上去的。我今天站在这里，以前所做的一切就算画上了句号，新的医学高峰正等待着我和同事们去攀登！"

　　荣誉在昨天结束，责任从今天开始。李素芝说，奋斗永远没有休止符，坚定信念、执著追求才能永葆人生本色，将生命的乐章铿锵奏响。他决心为祖国和人民继续奋斗在西藏高原。

△ 李素芝在传递奥运圣火

"像李素芝那样，把祖国和人民的需要作为自己的选择，在祖国和人民最需要的地方书写自己的人生。"这是许多首都大学生在听取了李素芝先进事迹报告后发出的心声。

后 记

选择与坚守

　　应吉林文史出版社之约，由我撰写的关于 100 位新中国成立以来感动中国人物之一李素芝先进事迹的书稿，今天终于脱稿了，我有了一种异乎寻常的欣慰和如释重负的感觉。

　　我和李素芝是一起在西藏军区工作的老战友，因为工作关系，我与素芝同志之间有着深厚的感情，同时对他亦有深刻的了解。2004 年 11 月我作为李素芝先进事迹报告团成员，亲自参加了由中共中央宣传部、中华人民共和国卫生部、中国人民解放军总政治部、西藏自治区党委共同组织举办的在北京人民大会堂召开的敬业奉献好军医李素芝先进事迹报告大会和在全国各地举行的巡回报告会。在那些激动人心的日子里，我同全国广大干部群众一样，又一次次地被李素芝同志的先进事迹、崇高思想和精神深深地感动着、激励着、鼓舞着、思考着。李素芝在西藏高原长达 35 年义无反顾、无怨无悔的选择与坚守，给我们展示了一位共产党人、一位共和国西藏军人、一位敬业奉献的好军医绚丽斑斓的人生。

一方是高寒缺氧的"生命禁区"雪域高原，一方是生活工作条件舒适的繁华大都市。李素芝义无反顾地选择了前者，扎根西藏一干就是35年，在世界屋脊上创造了高原医学领域的奇迹。李素芝的选择与坚守，令人感慨，发人深思，催人奋进。

　　人生总是面临诸多选择。选择需要志向。以国家和人民的需要来考虑个人的进退去留，将聪明才智用在最能体现人生价值的地方，努力实现人生进取目标与社会价值的统一，是谓大志向。李素芝毕业后分配在上海的长海医院，留在上海这样的大城市，这对许多人来说梦寐以求，也是一个难得的发展机会。但他申请远赴西藏高原，常人或许认为这是在"犯傻"，但这却显现出李素芝高远的志向。

　　在自然环境恶劣、各方面条件异常艰苦的西藏，李素芝一待就是几十年。其间所经受的各方面磨砺和考验，是没有到过高原的人难以体会的。到祖国最需要的地方去，在最艰苦的环境里找到人生的坐标，靠的绝不是一时的心血来潮和意气用事。若是为了"镀金"，也许李素芝在进藏三五年甚或顶多十余年就会抽身而退，早早开始了新的选择。"西藏人民对我很好。我在这个地方待久了，也有感情了。""我立志一定要攻克高原先天性心脏病。……这是30多年来鞭策我在高原奋斗的最大动力。"从李素芝朴实的话语里，我们不难看出，让他矢志不移、无怨无悔于当初的选择的，是他对祖国、对人民、对高原医学事业的一腔热爱和无限忠诚。

　　认准了路，并坚定地走下去，必将成就一番事业。成功的背后，是李素芝一万多个日日夜夜的辛勤钻研，40多万公里的巡诊里程。

天道酬勤，高原上的默默坚守和艰辛探索，成就了李素芝和他的战友们人生与事业的成就，也实现了他们"把生命价值书写在地球之巅"的誓言。

"奋斗之路只有起点没有终点。"进藏几十年，李素芝以自己的青春岁月真切诠释了救死扶伤的奉献情怀。在他和他的战友们身上，"艰苦不怕吃苦，缺氧不缺精神"的"老西藏精神"得到了集中体现，艰苦奋斗、无私奉献的中华民族伟大精神得到了弘扬。这是李素芝灵魂深处最珍贵的品质，值得我们学习和发扬。我们欣喜地看到，无数孔繁森、李素芝式的优秀共产党员，为了祖国和人民的需要，多年如一日，奉献在高原边疆。无数热血青年响应祖国的召唤，纷纷到祖国最需要的地方扎下根去。他们的生命之花也必将绽放得更加绚丽夺目。

作者

2011.8.14

100位

新中国成立以来感动中国人物

丁晓兵　马万水　马永顺　马恒昌　马海德　中国女排五连冠群体

孔祥瑞　　孔繁森　　文花枝　　方永刚　　方红霄　　毛岸英

王　杰　　王　选　　王　瑛　　王乐义　　王有德　　王启民

王进喜　　王顺友　　邓平寿　　邓建军　　邓稼先　　丛　飞

包起帆　　史光柱　　史来贺　　叶　欣　　甘远志　　申纪兰

白芳礼　　任长霞　　刘文学　　刘英俊　　华罗庚　　向秀丽

廷·巴特尔　　许振超　　达吾提·阿西木　　邢燕子　　吴大观

吴仁宝　　吴天祥　　吴金印　　吴登云　　宋鱼水　　张　华

张云泉　　张秉贵　　张海迪　　时传祥　　李四光　　李春燕

李桂林和陆建芬夫妇　　李素芝　　李梦桃　　李登海　　杨利伟

杨怀远　　杨根思　　苏　宁　　谷文昌　　邰丽华　　邱少云

邱光华　　邱娥国　　陈景润　　麦贤得　　孟　泰　　孟二冬

林　浩　　林巧稚　　林秀贞　　欧阳海　　罗映珍　　罗健夫

罗盛教　　草原英雄小姐妹　　赵梦桃　　钟南山　　唐山十三农民

容国团　　徐　虎　　秦文贵　　袁隆平　　钱学森　　常香玉

黄继光　　彭加木　　焦裕禄　　蒋筑英　　谢延信　　韩素云

窦铁成　　赖　宁　　雷　锋　　谭　彦　　谭千秋　　谭竹青

樊锦诗

图书在版编目（CIP）数据

李素芝 / 吴传玖编著. -- 长春：吉林文史出版社，
2012.8（2022.4重印）
（100位新中国成立以来感动中国人物）
ISBN 978-7-5472-1185-4

Ⅰ．①李… Ⅱ．①吴… Ⅲ．①李素芝－生平事迹－青
年读物②李素芝－生平事迹－少年读物 Ⅳ．
①K826.2-49

中国版本图书馆CIP数据核字（2012）第208521号

李素芝

LISUZHI

编著/ 吴传玖
选题策划/ 王尔立　责任编辑/ 王尔立 李洁华 任玉茗
装帧设计/韩璘
出版发行/ 吉林文史出版社
地址/ 长春市福祉大路5788号　邮编/ 130118
电话/ 0431-81629363　传真/ 0431-86037589
印刷/天津海德伟业印务有限公司
版次/ 2012年8月第1版 2022年4月第4次印刷
开本/ 640mm×920mm　1/16
印张/ 9　字数/ 100千
书号/ ISBN 978-7-5472-1185-4
定价/ 29.80元